나는
가발디자이너입니다

나는
가발디자이너입니다

초판 1쇄 인쇄 2022년 4월 25일
초판 1쇄 발행 2022년 4월 30일

지은이 이민아
펴낸이 인창수
펴낸곳 태인문화사
디자인 플러스
신고번호 제2021-000142호
주소 경기도 파주시 탄현면 참매미길 234-14, 1403호
전화 031-943-5736
팩스 031-944-5736
이메일 taeinbooks@naver.com

ISBN 978-89-85817-99-8 03190

나는 가발디자이너입니다

전업주부에서 가발CEO로 변신한
이민아 가발디자이너의 성공 노하우

이민아 지음

테인터학수

제품보다 진정성을 먼저 팔아라

국비 지원 제도를 이용해 미용사 자격증을 취득하고 미용학원에서 만난 언니의 소개로 들어간 가발회사 백화점 판매사원. 한 계단을 더 오름으로써 나의 가능성을 시험해 보고 싶어 가발숍을 창업한 가발디자이너. 일을 하면 최선을 다하는 열정과 고객을 위한다는 변하지 않는 진정성이 지금의 나를 이 자리에 오게 했다.

나는 특별하지 않다. 경제력도 없었고 탄탄한 친정의 지원도 없었다. 뛰어난 재능이 있는 것도 아니다. 그렇다고 해서 뛰어난 미모를 갖춘 것도 아니다. 내가 갖고 있는 건 오직 열정과 진정성뿐이다. 그런데 분명한 것은, 지금 나는 행복하다는 사실이다. 그래서 이 행복을 독자들과 함께 나누고 싶다.

전업주부로 살다가 가발회사 CEO로 변신한 내 삶을 돌아보는 순간, 지금의 성공을 만들어준 그간의 노력과 땀을 어떤 말로 쓸 수 있을까? 글을 쓰면서도 혹시라도 그게 뭐 삶의 기적이라고 책을 출간하나 싶어 조심스럽고 또 조심스러웠다. 그럼에도 버킷리스트 중 하나가 책을 쓰는 거라서 용기 내어 글을 썼다.

어렸을 때부터 거울 앞에서 꾸미는데 많은 시간을 보내고 책읽기를 좋아했던 내가 엄마가 되고 나니 억척 어멈이 되어갔다. 남편의 월급만으로 빠듯하게 살아가는 현실을 보며 불현듯 걱정이 들었다. 이렇게 살다가는 아이들의 미래도, 우리 가정도 희망이 없을 것만 같았다. 그때부터 성공한 사람들의 책을 읽기 시작했다. 그중 메리 케이 애시 여사의 《열정은 기적을 낳는다》를 읽고서 많은 동기를 부여받았다. 어려운 환경을 극복하고 자신의 이름 건 '메리 케이 코스메틱'을 만든 그녀는 나뿐만 아니라 전 세계 수많은 사람에게 귀감이 되는 존재다. 그녀는 수많은 여성들이 돈을 벌어 재정적으로 안정되도록 도왔다. 여성의 능력에 대한 신념과 그들에게 기회를 주겠다는 의지를 갖고 그녀는 전 세계 수십만 명의 여성들이 자급자족할 수 있는 꿈을 현실로 만들었다. 사회공헌 활동도 펼치고 있다. '핑크로 변하는 삶' 캠페인을 통해 암 연구를 지원하고, 여성과 어린아이 단체에 수백만 달러를 기부하고 있다.

나도 그런 사람이 되고 싶었다. '당신이 위대한 일이 일어나길 바란다면 정말로 위대한 일이 일어난다'라고 말한 애시 여사의 말처럼 내가 간절히 원한다면 정말 위대한 일이 일어날 것만 같았다.

그래서 도전했다. 국가에서 보조해주는 비용으로 미용사자격증을 취득했고 백화점 가발 판매사원으로 취직을 했다. 나는 사람을 좋아하는 외향적 성향과 외모 꾸미기를 좋아하는 덕분에 백화점 생활에 잘 적응해 나갔다. 고객을 만나 설득해 판매로 이어가는데 따른 희열이 가슴을 뛰게 했다.

어느 날 둘째와 셋째 딸이 '학교에 다녀오면 엄마가 있었으면 좋겠어!'라고 말하는데, 사실 다른 방법이 없었다. 방향과 목표를 확실히 정한 후로는 절대 흔들리지 않았다. 다른 방법을 찾을 생각도, 힘들다고 그만둘 생각도 못했다. 꿈이 있었기에 가능한 일이었다. 꿈을 이루기 위해서는 어떠한 아픔도 견뎌내야 했다. 숨이 턱까지 차오를 정도로 힘든 그 순간에 한 걸음만 더 힘을 낸다면 내가 원하던 목적지에 도달할 수 있다고 생각했다. 성취감과 만족감을 누릴 수 있는 보다 값진 인생을 살고 싶어서 한 번 더 힘을 내어 결승선을 향해 나아갔다.

그렇게 2년이라는 세월이 흘렀다. 2년이란 시간은 내가 창업을 해서 성공 가도를 달리는데 큰 밑거름이 되었다. 그곳에서 나는 직원이었지만 사장처럼 일했다. 하지만 출근하는 발걸음은 매일 긴장과 두려움에 휩싸였다. 결국 '이렇게 해서는 안 되겠다'라는 결론을 내렸다. 더 큰 꿈을 꾸었다. 나의 이름을 걸고 신명 나게 일하는 꿈을 꾸었다. 그렇게 주인처럼 하루하루 최선을 다한 결과 5년 정도 열심히 배워서 창업해야겠다는 꿈이 2년 만에 이루어졌다.

사실 창업이 두렵지 않다면 거짓말이다. 백화점 판매원으로 일하면서 많은 매출을 올려봤는데도 창업을 결정했을 때는 두려움이 밀려왔다. 처음부터 잘될 것이라고 생각했던 것은 아니었지만 역시나 만만치는 않았다. 돈을 벌고 꿈을 성취한다는 것은 결국 남이 원하는 것을 해줌으로써 남의 지갑에 있는 돈을 내 손으로 이동시키는 것이다. 그러기에 일머리도 필요하지만 진정성이 중요했다.

드디어 가발 도소매, 서비스업으로 창업을 했다. 국민 5명 중 1명이 탈모라는 국내 탈모인구. 최근 들어 이렇게 탈모인구가 증가하면서 가발수요도 늘어났다. 가발시장도 자연스럽게 성장하고 있다. 특히 취업과 연애, 대인관계가 중요한 청년 탈모인구가 늘어나면서 가발디자이너에 대한 관심이 높아지고 있다. 이제는 가발이 꼭 탈모인들만의 상징이 아닌 생활 편리 필수품으로 정착된 것이다.

나에게 잘 어울리는 가발은 바쁜 사람들에게 시간을 절약해 주고 잦은 펌과 염색으로부터 해방시켜 준다. 그래서 나는 지금까지 긴장감을 늦추지 않고 고객에게 자신감과 멋스러움을 선사하기 위해 가발을 연구하고 또 연구했다. 그 덕분에 2년 만에 가발숍을 오픈하고 이민아 위그콜렉션과 남성전문가발 핸섬(주) 대표로 다시 태어났다.

우리는 살면서 자신도 못 깨닫는 사이 수많은 인연을 만나고 또 스쳐 지나간다. 그래서 사람들은 흔히 '세월이 흘러도 가장 어려운 것은 인간관계'라고 말한다. 나는 나를 찾는 모든 사람을 진심으로 대했다. 내가 모든 걸 다 준비하고 이룬 것 같지만 왠지 모를 뭔가가 부족할 때 그 부족한 걸 채울 수 있는 것은 바로 나를 도와주는 사람이라는 걸 너무 잘 알기 때문이다. 어느 순간 각계각층의 다양한 고객님들이 나를 도와주셨다. 몸이 좀 안 좋을 때는 의료업계 고객님께 조언을 듣고, 행정적이나 세무적인 일도 고객님과 상부상조하고 있으며, 인테리어가 필요할 때도 그쪽 일을 하시는 고객님께서 도와주셨다. 내 나이 마흔, 창업했을 그 당시 인연을 맺었던 고객님들과 함께 나이 들어가며 점점 동반자가 되어 가고 있음을 느낀다.

창업 초기, 일찍 결혼해서 47살에 자녀 상견례를 하신다며 부분 가발을 구매하신 고객이 있었다. 몇 달 후 아들 결혼식을 치렀고, 또 몇 달 후 손자를 가졌다고 너무 기뻐하셨다. 지금은 그 손자의 손을 잡고 매장에 들어오신다. 몇 해가 지난 지금도 그분들은 나를 한결같이 응원해주신다. 가발에 관한 모든 것을 전적으로 나에게 의지하시는 분도 계신다. 그런 분들께 보답하기 위한 나의 노력은 끊임없이 진행형이다.

나는 내가 편하고 내가 좋아하는 것을 고객님들에게도 제공함으로써 신뢰를 얻었다. 덕분에 팬도 생겼다. 고객님들께 끝까지 예

쓰고 멋진 헤어스타일을 제공해야겠다는 마음, 그리고 진정성이 만든 결과였다. 내가 대우 받고 싶은 대로 고객에게 서비스를 제공하면 사업 실패란 없다. 제품 판매를 통한 수익증대보다 고객 한 사람 한 사람에게 더욱 집중하는 것이 어쩌면 성공의 지름길이 아닐까 생각한다.

돌이켜 보니 참으로 어려웠던 순간들이 많았다. 그래서 현재 내가 가지고 있는 소중한 것들에 감사하고, 누리고 있는 것들에 만족하지 않을 수 없다. 한 남자의 아내로서, 네 명의 아이들의 엄마로서, 내가 일궈놓은 사업장의 대표로서 앞으로도 계속 크고 작은 일을 하면서 정도正道를 지키며 더욱 정진해 나아가야 한다고 다짐해 본다.

비록 작은 규모지만 사업을 하면서 나는 많은 것을 얻었다. 고객님들과의 소통 과정에서 내 가정에 접목할 수 있는 지혜를 얻었으며, 사회단체나 모임에서의 대인관계를 원활하게 하는 방법까지 배웠다. 내가 산업전선에 뛰어든 가장 큰 이유는 사랑하는 가족과의 행복을 위해서다. 그래서 사업을 키우기 위한 최상의 방법이 무엇인지 고심하고 노력하듯이, 내가 사랑하는 가족들에게도 고객님들에게 하듯 노력해야 한다고 생각한다. 내 가족들도 나의 영원한 단골이니까 말이다.

이 책은 창업을 계획하고 준비 중인 분들이나 소규모 사업장을 운영하시는 분들께 조금이나마 도움이 되고자 하는 마음으로 쓰게 되었다. 이 책에는 창업을 하고 싶지만 두려움에 엄두를 못 내고 있는 예비창업자들에게 자신의 꿈이 있다면 머뭇거리지 말고 지금 당장 시작하라는 응원의 메시지가 담겨 있다. 특히 가발디자이너로 성공하려면 일머리도 필요하지만 무엇보다도 진정성이 중요하다는 것을 우리 가발숍의 예를 들어 조금이나마 도움을 받을 수 있게 했다.

가발숍은 돈을 버는 게 목적이다. 하지만 그 외에도 탈모로 자존감이 떨어진 사람들에게는 자신감을, 항암치료로 머리카락이 빠져 우울증을 겪는 이들에게는 희망을 선물하는 곳이기도 하다. 그래서 나는 '고객 한 사람 한 사람에게 집중하는 가발숍', '자신감과 멋스러움을 판매하는 곳'을 만드는 비법도 이 책에 담아놓았다.

이런 마음으로 경영을 하다 보니 고객님들과의 관계에 두터운 공감대가 형성되었다. 가발숍의 안정화는 나에게 안정된 수입을 가져다주었다. 결국 내가 잘할 수 있고, 즐겁게 할 수 있는 일을 망설이지 말고 바로 시작하는 것이 정답이다. 가장 늦었다고 생각하는 때가 가장 빠른 때라고 하지 않는가.

지금 바로 도전하라! 훗날 당신의 미래가 당신에게 고마워할 것이다.

C O N T E N T S
차례

CHAPTER

6. 인생 제2막은
긍정과 감사의 습관으로 준비하라

EPILOGUE

1

아내, 엄마에서
워킹맘으로 우뚝 서다

1

마흔, 인생 후반전
여자의 작전타임

여자들은 보통 결혼과 출산과 육아로 정신없이 마흔을 맞이하게 된다. 아니, "갑자기 정신을 차렸더니 마흔이더라"라고 하는 편이 낮겠다.

여자 나이 마흔이면 나의 존재는 무엇인지, 내가 진정 원하는 것은 무엇인지를 생각하기 마련이다. 그래서 "여자의 진짜 인생은 마흔에 시작된다"라는 말도 있다. 이렇듯 다시 신발끈을 매고 뛰어야 할 시간이 바로 마흔이 아닐까? 결혼을 하지 않은 싱글에게든, 전업주부에게든, 혹 이혼을 한 돌싱에게든 여자 나이 마흔의 의미는 다 같을 것이다.

나는 모든 것이 미완성인 채로 결혼했고, 사남매의 엄마로 숨

가쁘게 살아왔다. 좀 더 인격적으로 성숙했더라면, 좀 더 지혜로웠더라면 하는 아쉬움도 남아있다. 그래서인지 '살아왔다'라기보다는 '살아냈다'라는 표현이 내겐 더 어울릴지도 모르겠다.

결혼생활 중에 한가하고 편했던 적은 거의 없다. 그도 그럴 것이 나는 딸 셋 아들 하나, 네 아이의 엄마였기 때문이다. 남편이 독자인 시대 분위기상 아들이 꼭 필요하기도 했지만, 나 역시 꼭 아들을 갖고 싶었다.

요즘은 딸을 더 선호하는 가정이 많다고들 하는데, 할머니와 자랐던 나는 은근히 옛 어르신들의 영향 탓인지 아들 욕심이 있었다. 그렇다고 아들을 무작정 선호했다기보다는 딸들이 있으니 아들도 꼭 있었으면 했다.

셋째 딸을 출산하던 날이 시어머님의 생신이었다. 이른 아침부터 며느리의 출산 조짐 탓에 시어머님은 생일 미역국도 못 드시고 병원으로 달려오셨다. 셋째 임신 기간 내내 딸이라고 여러 차례 말씀을 드렸지만 "이번에는 손녀가 아니라 손자일 것이다!"라고 강력히 말씀하셨다. 그래서 "낳을 때까진 모른다더라" 또는 "낳아봐야 알지"라는 말씀을 셋째 딸 출산 후 병실로 데리고 오기 직전까지 하신 것 같다.

그런 말씀을 자꾸 들으니 뱃속의 아이 얼굴, 심지어 콧구멍까지도 자세히 나오는 초음파 영상을 봐온 나도 출산이 임박해온 순간 시어머님의 생각에 한 표를 던지고 말았다. 진통으로 힘들어 정신이 없었던 와중에도 선생님이 아이를 들어 올렸을 때 나도 모르게 셋째의 배꼽 밑을 확인하고 있었다. 아, 역시 딸이었다. 그래서였을까? 셋째가 태어난 그날 산부인과 여의사님의 툭 던지신 위로 섞인 한마디가 지금도 뇌리를 떠나지 않는다.

"이다음은 아들이네."

하지만 이제 막 산고를 끝낸 상황에서 그런 말에서조차 서운함이 느껴졌다.

그날 남편은 출근했다가 학교와 어린이집에 들러 첫째와 둘째를 데려와야 했다. 남편은 셋째 딸 출산을 지켜보지 못했다. 내가 텅 빈 회복실로 옮겨졌을 때는 아기 탄생을 축하하는 분위기보다는 적막감마저 감돌았다. 시어머님은 어디론가 전화를 하고 계셨다. 나중에 들은 얘기지만 딸인지 이미 알고 있는 남편한테 중요한 사실이라도 알려주듯 긴밀하게 말씀하셨단다.

"어멈 또 딸 낳았단다. 빨리 와."

나 또한 1퍼센트의 가능성이라도 기대했기에 그러셨던 시어머님을 이해할 수 있었다. 하지만 그런 아쉬움과 서운함도 잠시, 위의 첫째와 둘째를 돌봐야 하는 일상이 있기에 출산 다음 날 퇴원했다.

내가 어렸을 때 부모님과 일찍 헤어져서인지 내 새끼들은 단 하루도 남에게 맡기고 싶지 않았다. 심지어 남편에게도 온전히 못 맡기는 편이다. 나는 그런 성격 탓에 퇴원한 다음 날부터 둘째를 목욕시키면서 바로 일상으로 복귀했다.

나는 원래 아이들을 좋아하지는 않았다. 그런데 내가 아이를 낳은 뒤부터는 너무 신기하고 위대한 생명체에 대한 경이로움이 솟아났다. 몸이 힘들어도 에너지가 솟구치는 걸 느끼곤 했다. 그럴 때마다 마음을 다잡고 내 새끼들은 내가 끝까지 지키고 행복하게 해줘야겠다는 각오와 결심을 했다.

저도 사람이라고 침대의 한자리를 차지하고 누워서 세상모르게 새록새록 잠든 돌 지난 막내딸을 보면서 문득 산부인과 의사 선생님이 하시던 말, "이 다음은 아들!"이라는 말을 떠올렸다.

그때부터 나는 동네에서 아들 가진 엄마들의 조언과 그녀들이 임신했을 때 사용한 방법들을 수집했다. 그리고 시어머님과 함께 용하다는 한의원에 가서 한약도 지어 먹었다. 한의사 선생님은 뭔가를 담은 주머니 하나를 주시면서 그걸 몸에 지니고 다니면 꼭 아들을 낳을 수 있다고 하셨다.

나는 웃음을 터뜨렸지만, 시어머님의 표정은 근엄했다. 물론 내가 한의사의 처방법에 따르기를 간절히 원하고 계셨다. 훗날 그 주머니를 꺼내서 열어보니 길거리에 굴러다니는 작은 돌멩이가 들어있을 뿐이었다. 얼마나 오랫동안 그 주머니에 담겨있었던지 벌레집까지 생겨있었다. 헛웃음이 나왔다.

그렇게 우여곡절 끝에 아들을 낳았다. 시어머님은 한의사가 용해서 아들을 낳았다고 생각하시고, 나는 산부인과 의사의 말이 맞았다고 생각했다. 어쨌든 나는 세상을 다 가진 것처럼 행복했다.

한없이 어렵기만 했던 시아버님이 대전에서 청주까지 한달음에 달려오시더니 동네잔치까지 여셨다. 잔치 와중에 시아버님이 "우리 손자님 눈은 뜨셨습니까?" 하면서 아이 얼굴을 신기한 듯이 계속 바라보시던 모습이 떠오른다. 내가 아들 낳기 전까지 명절마다 시댁에 가면 외손녀들까지 일곱 명의 손녀들만 줄줄이 있었다. 그러니 시아버님 또한 얼마나 기쁘셨을까?

그렇게 나는 딸 셋에 아들 하나의 엄마가 되었다. 이로써 시집올 때 애 하나도 못 낳게 생겼던 시부모님의 선입견은 깨졌다. 아이들이 예쁘고 사랑스러운 것과는 별개로 내 육체는 하루도 편할 날이 없었다. 어린 자녀를 둔 엄마들이 다들 그렇듯이, "얘네들이 스스로 신발이라도 신을지, 수저를 들고서 밥을 떠먹을 수 있을지, 화장실은 혼자서 갈 수 있을지, 그런 날이 오기는 하는 걸까?" 싶기도 했다.

하지만 시간이 흐르면서 길고 긴 육아와의 전쟁도 끝날 날이 왔다. 물론 육아를 해본 부모들은 다 아는 사실이겠지만 '그나마 좀 수월해지기 시작한' 시기가 온 것이다. 어느 순간 셋째가 남동생 손을 잡고 유치원에 가는 모습을 내가 보고 있지 않은가.

결혼 후 처음으로 집에 오롯이 나 혼자만의 시간이 생겼다. 그때 내 나이는 마흔이었다. 혼자서 차도 마시고 아는 언니도 만나는 등 나름대로 조금은 여유로웠다. 지금 생각해보면 고작 일주일 정도였지만….

나는 어렸을 때부터 거울 앞에서 나를 꾸미는 데 많은 시간을 투자했다. 책 읽기도 무척 좋아했다. 그야말로 잘 움직이지 않는 편이었다. 그런데 엄마가 되고 나니 '억척 어멈'이 되어가는 나를 발견했다. 아이들 키우느라 하루 24시간이 어떻게 가는 줄도 몰랐다. 어쩌다 네다섯 시간의 공백이 생겨도 그 시간을 온전히 즐기지 못할 정도로 머릿속이 복잡했다. 그걸 깨달은 순간 남은 시간 내내 불안하기까지 했다.

남편의 월급만으로 빠듯하게 살아가는 현실을 보며 불현듯 걱정이 들었다. 아이들 네 명을 남편 월급으로 어떻게 키울 것인가? 그런 생각을 하니 정신적으로나 육체적으로 변해만 가는 나 자신이 갑자기 초라해 보이기 시작했다. 아이들을 잘 키우는 것도 물론 중요하지만, 나 자신에게 너무 무관심했다는 생각이 들기 시작한 것이다. 오죽했으면 거울 속의 내가 마치 모든 것을 포기한 여자처럼 보였을까.

아, 이제 더 이상 이대로 있으면 안 될 것 같았다. 이대로 살다가는 나 '이민아'는 없어져버릴 것만 같았다. 사실 보통 아이들 엄마가 그렇게 사는 게 큰 문제는 아니다. 다들 그렇게 사니까. 하지만 당시의 내 모습을 보면서 갑자기 모든 것이 바뀌지 않으면 아이들의 미래도, 우리 가정도 희망이 없을 것만 같았다.

나는 늦은 나이에 시작해 성공한 사람들의 책들을 읽기 시작했다. 메리 케이 애시 여사의 《열정은 기적을 낳는다》라는 책은 표지의 모서리가 닳을 때까지 읽었다. 메리 케이 애시 여사는 20세기 미국이 낳은 최고의 여성 사업가이자 '꿈의 회사'라는 '메리 케이 코스메틱'을 세운 열정의 장본인이다.

메리 케이 애시 여사는 화장품 방문판매원부터 시작했다고 한다. 그녀가 48세 때 자본금 5,000달러로 설립한 뷰티 회사가 지금은 세계적인 화장품 기업으로 성장했다. 메리 케이 애시 여사는 '미국의 가장 영향력 있는 여성 25명'(1985년), '미국 경영인 비즈니스 명예의 전당'(1996년), 베일러 대학이 선정한 '미국 역사상 최고의 여성 기업가상'(2003년) 등 수많은 상과 명예를 차지했다.

그런 애시 여사도 성공하기까지 많은 좌절과 역경을 이겨내야 했다는 내용을 읽으면서 많은 동기를 부여받았다. 남의 어려웠던 과거를 접하면 측은지심에 힘이 난다고 하지 않는가. 애시 여사도 어린 시절에 결핵에 걸린 아버지를 돌봐야 했던 소녀가장이었고, 가난 때문에 대학마저 포기해야만 했다.

고등학교 졸업 후 바로 결혼을 했으나 남편의 외도로 파경을 맞았고, 두 번째 남편도 심장마비로 사망하고 말았다. 차라리 내 상황은 애시 여사보다 모든 면에서 훨씬 낫다는 생각마저 들었다. 내 나이는 마흔이니 그녀가 창업했을 때보다 8살이나 어리다. 넉넉한 형편은 아니지만 안정된 가정도 있지 않은가.

10년쯤 전 가족 모임에서 사촌동생이 이런 말을 했다. 국가에서 보조해주는 비용으로 여러 자격증을 취득할 수 있다는 거였다. 나는 급히 대충 화장을 하고 바로 일어나 미용학원으로 달려갔다. 일단 미용사 자격증이라도 취득한 뒤 뭐든 해봐야겠다고 생각한 것이다.

나는 언제부터인지는 모르지만 무슨일이든 시작하게 되면 일사천리로 추진해나가는 습성이 생겼다. 그렇게 미용학원 등록 후에는 밤이 늦어도 시간 가는 줄 모르고 연습에 몰두했다. 나는 미용사자격증반 국비 지원 프로그램에 등록한 지 한 달 만에 자격증을 손에 쥘 수 있었다. 그렇게 취득한 미용사 자격증으로 내 나이 마흔에 사회생활을 시작했다.

40살, 내가 사회에 나왔을 때는 결혼과 출산 그리고 육아로 인한 공백 기간을 채우기 위해 남들보다 몇 배의 노력이 필요했다. 전쟁터에 총 없이 내던져진 병사의 심정으로 그렇게 혹독한 마흔을 시작했다. 하지만 인정받고 싶다는 욕구가 치솟아서인지 가슴은 마구 뛰었다.

"당신이 위대한 일이 일어나길 바란다면 정말로 위대한 일이 일어난다"라고 한 애시 여사의 말처럼 내가 간절히 원한다면 정말 위대한 일이 일어날 것만 같았다.

결혼과 동시에 나는 최선을 다해 살았다.

그리고 이제 내 인생의 후반전을 위한 작전타임인 마흔이 시작되었다.

2

나이 마흔에
백화점 판매원부터 시작했다

　　나는 미용학원에서 만난 언니의 소개로 가발회
사에 입사했다. 가발은 내겐 너무나도 생소한 품목이었다. 우리
나라가 후진국이던 1960~1970년대가 떠올랐을 정도로 내게는
정말 접해본 적도 생각해본 적도 없는 품목이었다. 내키지는 않
았지만 아는 언니 소개라 울며 겨자 먹기로 이력서를 제출했다.
백화점에 입점한 회사였고, A/S실에서 각 매장에 내보낼 가발에
퍼머나 염색 등을 하는 업무라고 했다.

　'가발이 백화점에?'

　의아했지만 큰 기대는 없었다. 나중에 미용실이라도 차리려면
손 굳지 않게 연습이라도 할 생각이었다. 그러나 회사 방문 후

내가 생각했던 가발의 상식은 완전히 깨졌다.

나는 가발이 대머리 아저씨들의 전유물이라고만 생각했었다. 그런데 나처럼 머리숱이 많은 사람도 유용하게 사용할 수 있는 획기적인 아이템이었다. 잦은 퍼머와 염색으로부터 해방될 수 있으니 말이다.

회사 또한 제법 규모 있는, 꽤 흥미롭고 특별한 곳이었다.

갑자기 내 속에 잠재된 열정이 솟구쳤다. 아이들 잘 키우고 전업주부로 잘 살아나가는 게 목표였던 내 안에서 또 다른 나를 발견한 순간이었다. 나를 면접 보셨던 팀장님은 뜻밖에 A/S실 근무보다 백화점 쪽이 더 잘 어울릴 것 같다고 하셨다.

판매 쪽은 전혀 문외한이었기에 조금 겁이 나기도 했지만, 당시 이것저것 가릴 처지는 아니었다. 성공을 위한 발판이 필요했기 때문이다.

나를 배치하려고 했던 백화점의 매니저 자리와 직원 자리는 모두 공석이었다. 그래서 본사 직원들이 돌아가면서 출근하고 있었다. 사실 그 매장은 잦은 매니저 교체로 고객님들의 신뢰가 떨어진 터라 백화점에서도 거의 방치하다시피 했다. 하지만 나는 최선을 다하고 싶었다.

출근 전날 밤에 아이들에게 각각 한 통씩, 총 네 통의 편지를 썼다. 이제부터는 학교나 유치원에서 오더라도 엄마가 없다는 사실이 낯설지 않도록 하기 위해서였다. 다시 말해 엄마가 갑자기 회사를 나가게 되어 아이들의 생활 패턴이 완전히 바뀌게 되었지 않은가. 그래서 그런 상황을 우리가 어떻게 헤쳐나가야 할지 말로 설명하기보다 글로 써주는 것이 훨씬 큰 효과를 발휘하리라 생각해서였다.

편지를 각자에게 전달하고 수긍하는 아이들의 얼굴을 보니 신기하게도 큰 에너지가 솟는 것 같았다. 비록 회사 소속의 2평짜리, 백화점에서도 등한시하는 작은 매장이지만, "이곳을 내가 꼭 살려야겠어!" 하는 막연한 오기가 생긴 것이다. 그때부터 나는 자신이 없거나 두려움이 닥칠 때마다 내가 목표한 것들을 종이에 적기 시작했다.

내가 목표한 것들을 마음속으로만 생각하는 경우와 여러 차례 글로 적은 경우는 정말 많은 차이가 난다. 지금 생각해보면 내가 글로 적었던 것들은 거짓말처럼 거의 다 이루어졌다.

이 책을 읽고 있는 예전의 나와 같은 사람들에게 말하고 싶다. 지금 현실 때문에 지치고 힘들다면 결심이라든가 달성하고 싶은 것들에 간절함과 염원을 담아 글로 남겨보라. 그러한 메모는 미래의 나에게 보내는 메시지와도 같다.

메모는 단순히 글로 적는 것으로 끝나는 게 아니다. 내가 적은 글이 내 인생의 길을 결정하는 방향타가 되기도 한다. 물론 메모란 펜으로 뭔가를 쓰는 일이다. 쓰기 위해서는 생각을 하게 되고, 그러다 보면 생각이 발전한다. 그래서 나를 발전시키는 작지만 강력한 힘은 평소에 일기를 쓰거나 메모하는 습관이 아니었나 싶다.

각설하고, 나는 사람을 좋아하는 외향적 성향과 외모 꾸미기를 좋아하는 점 덕분에 백화점 생활에 잘 적응해나갔다. 고객을 만나 설득해 판매로 이어가는 데 따른 희열이 가슴을 뛰게 했다.

물론 처음부터 그렇진 않았다. 처음 출근 몇 개월간은 백화점 직원 출입 통로에 들어갈 때마다 왜 그렇게도 두렵고 떨리던지…. 출근하는 모든 직원이 다들 베테랑처럼 보이다 보니 괜히 주눅마저 들곤 했다. 명품들로 휘감은 고객님들을 응대할 때면 더더욱 그랬다.

하지만 이 모든 것들은 나 자신이 만들어낸 자격지심이었다. 주변 동료들과 조금씩 친해지다 보니 하나같이 내가 다른 곳에서 근무하다 온 프로 매니저인 줄 알았다고 했다. 그런 말을 듣게 되면서 마음을 단단히 굳혔다. 그때부터 나는 두려워 심장이 뛰어도 절대로 내색하지 않았다. 이왕 해야 한다면 프로처럼 보이는 것이 여러모로 도움이 된다고 생각했기 때문이다.

결혼 이후로 신을 일이 없던 뾰족구두를 하루종일 신고 근무했다. 저녁이면 다리가 퉁퉁 부었다. 정장도 불편했다. 하지만 목표가 있기에 결코 고단하지 않았다.

사실 아무것도 몰랐던 나는 백화점 출신 전문강사의 저서 한 권을 달달 외울 정도로 보고 또 보았다. 백화점에서 진행하는 교육도 빠짐없이 듣고 몰입해서 완전히 내 것으로 만들려고 노력했다. '한 번도 해본 적이 없다'라는 사실이 오히려 나를 더 단단하게 단련시켰다. 지금도 나는 당시 처음 익혔던 고객 응대 메뉴얼을 사업장에 붙여놓고 수시로 읽어본다. 초심을 잃지 않기 위해서다.

나는 입사 후 얼마 뒤 백화점에서도 본사에서도 유명인사가되었다. 가발이라는 특수 품목을 물 만난 물고기처럼 판매하며즐기고 있었으니까. 그래서 고객님들이 나의 매력에 빠지고 있었던 덕분이기도 했다. 백화점의 다른 직원들은 전업주부였던내가 베테랑처럼 일하는 모습을 구경하며 신기해했다.

나 역시 베테랑처럼 보이기 위해 노력 아닌 노력도 했다. 결혼전부터 근무해온 매니저들과 관리팀 직원들 앞에서 당당해지고싶었다. 그리고 그들보다 몇십 배 노력하는 것만이 곧 나의 무기라고 생각했기 때문이다.

당시 우리 회사 제품 중에는 이름이 영어식인 제품이 50여 개나 있었다. 기존 근무자들은 한 달이 지나도 외우기 힘들다고 아우성이었지만, 나는 하루 만에 다 외웠다. 그럴 수밖에 없었다. 고객님들이 나를 본사에서 파견한 전문가로 봐줬기 때문이다.

인간이 한계점에 다다르거나 급한 상황이 닥치면 불가사의한 일도 해낸다던 말이 맞는 것 같았다.

그렇게 나는 집중적으로 몰입해서 일했다. 단 1분도 허투루 보내지 않았고, 오로지 매출에 도움이 될 아이디어만을 생각하고 실행했다.

백화점은 일반 직장보다 퇴근시간이 늦다. 그러다 보니 마감을 하고 나면 나를 기다리는 아이들을 위해 빛의 속도로 버스 정류장에 달려갔다.

가끔은 급히 집으로 향했던 노력이 무색하게도 내려야 할 정류장을 지나친 적도 있었다. "죽어가는 매장을 성공적으로 살릴 방법이 뭘까?" 고민하느라 몇 정거장을 더 지나친 후에야 정신이 번쩍 들었으니까. 그럴 때면 너무 속상하곤 했다.

나는 지금까지 단 하루도 아이들을 남의 손에 맡기지 않았다. 그랬기에 정시에 퇴근하지 못한다는 것은 아이들에게도 나에게도 불안감을 안겨주었다. 더군다나 토요일과 일요일이 제일 바쁜 백화점에 근무한다는 것은 아이들과 남편에게 참 미안한 일이었다.

하루는 행사가 있던 날이라 많이 지치고 힘든 몸으로 퇴근했다. 3학년과 1학년인 둘째와 셋째가 "학교에 다녀오면 엄마가 있었으면 좋겠어!" 하며 서럽게 울먹였다. 그럴 때는 답이 안 나왔다. 한참 돌봐줘야 할 어린아이들인데 일요일에도 같이 있어

주지 못하다니…. 엄마가 써준 편지를 읽어보고서 "알았어"라고 흔쾌히 허락했지만, 아직 어렸기에 시간이 갈수록 서러움이 복받쳤나 보다. 그래도 좀 컸다고 동생들을 달래주는 큰딸이 있어 든든했다. 하지만 그 애 또한 얼마나 허전하고 힘들었을까.

사회생활을 하는 엄마들의 가장 큰 가슴앓이의 원인이 아이들 문제일 것이다. 특히 어린아이를 시설이나 타인에게 맡기고 출근하는 것은 정말 힘든 일이다. 하지만 이는 우리 여성들이 겪어내야 하고 이겨내야 하는 일이 아닐까?

회사 다니느라 아이를 제대로 돌보지 못하는 만큼, 짧은 시간 동안만이라도 온 마음을 다해 엄마로서 최선을 다해야 한다. 그 정성은 아이들도 느끼게 될 것인 즉, 그리하여 잘 자라줄 것이라고 믿어야 한다.

가끔 나만 힘들다고 생각했다. 하지만 내가 모르는 아이들만의 힘듦 또한 나와 동일했던 것이다. 다행스럽게도 백화점이라 출근시간이 다른 직장보다 늦어서 아이들을 학교와 유치원에 등교시키고 나올 수 있어 정말 다행이었다.

방과 후 먹을 간식을 최대한 많이 만들어 식탁 위에 쌓아놓고 출근했다. 그랬더니 아이들 넷이 골고루 나눠 먹지 못하고 먼저 오거나 식욕이 왕성한 아이가 거의 다 먹곤 했다. 특히 셋째 딸은 살이 부쩍 쪘다. 그 애를 보면서 가슴이 쓰렸다. 엄마가 없는 빈자리의 허전함을 먹을거리로 채웠을 것이다.

　내가 마흔에 도전했던 백화점 판매원으로서의 첫걸음에서는 이렇듯 열정과 아이들에 대한 미안함이 교차되고 있었다.

3

밑바닥부터
철저하게 배웠다

백화점은 약 1년간의 매출을 합산하여 등급별 우수고객을 선정한다. 그런 우수고객을 모시는 곳이 VIP룸이다. 우리 매장은 그 당시 VIP룸 앞에 있었다.

어디든 마찬가지겠지만 종종 상식을 벗어나는 행동을 서슴지 않는 사람이 있다.

그날도 열심히 고객 응대를 하고 있었다. VIP룸에서 나온 고객 한 분이 나를 불러 세우더니 본인 구두를 손으로 가리켰다. 구두 바닥에 껌이 붙었는데 백화점에 와서 그런 것 같다며 나를 쳐다보는 것이었다.

나는 한 치의 망설임도 없이 한쪽 무릎을 바닥에 꿇고서 구두에 붙은 껌을 내 손으로 떼어냈다. 수치스럽지도 않았고 화가 나지도 않았다. 다만 더 열심히 해서 정상에 오르겠다는 생각을 하느라 머릿속이 복잡해졌을 뿐이었다.

나와 함께 있던 고객님이 그 광경을 보고는 "저 사람 말이에요, 자기 구두에 묻은 껌보다도 못하네요" 하면서 나를 위로해주셨다.

그렇다. 백화점이라는 곳에는 다양한 사람들이 있었다. 방송 매체에서도 자주 회자되듯이, 간혹 온갖 갑질을 일삼는 한두 사람으로 인해 상처를 받기도 한다. 그렇게 우아해 보였던 사람도 서비스가 마음에 들지 않는다며 갑자기 발톱을 날카롭게 세우고서 곧 잡아먹을 듯 달려든다.

그런 분들은 대부분 돈이 있어도 행복하지 않은 듯했다. 하긴 스트레스가 심하니까 자신보다 약자인 백화점 직원들에게 푸는 것 아니겠나 싶다. 하지만 때로는 판매자의 입장이 되어 생각해주시는 고마운 분들 덕분에 감동하기도 한다. 훌륭하고 배려심이 많은 고객이 상대적으로는 더 많은 것이 사실이긴 하다.

백화점 생활을 잘해내려면 고객과의 성공적인 소통이 필요하다. 고객과의 면대면을 통한 영업 활동을 해야 하는 특성상 갑질을 하는 고객과도 좋은 관계를 유지해야 했다. 그러기 위해서는 내가 먼저 상대방을 좋아해주는 것에서부터 출발해야 한다.

그렇게 노력하다 보니 우리 매장에 오는 손님은 대부분 나와 같은 마음을 가지신 것처럼 보였다. 진심이 서로 통하는 관계로 발전한 것이다. 그때 인연을 맺은 고객님들 중에는 10년이 지난 지금도 나와의 관계를 유지하시는 분들이 꽤 많다. 그분들은 아직도 내 성공을 함께 기뻐해주시고, 식구들 걱정과 안부 묻기도 아끼지 않으신다.

영업장의 고수는 고객에게 상품을 판매하는 데 급급해하지 않는다. 고객을 먼저 내 편으로 만드는 데 능숙해져야 한다. 그래야 고객의 마음이 부드럽게 열리기 때문이다.

지금 생각하면 그 거대한 백화점에서 눈에 띄지도 않았던 아주 조그만 매장이었지만, 그곳에서 나는 큰 꿈을 꾸었다. '이 매장의 주인이 나'라고 의식하고는, 이곳에서 내가 없으면 안 될 정도의 입지를 만들어야 한다고 생각했다. 그것을 하루하루 실천에 옮겼다.

백화점에 들어오는 모든 고객이 우리 회사 가발을 착용하고 다니는 모습을 상상했다. 그리고 2평짜리 매장을 꼭 확장시켜야겠다고 마음먹고 버킷리스트를 작성했다. 회사 소속 매장을 확장시키거나 브랜드의 입지를 굳히려면 매니저의 역할이 가장 중요하기 때문이다.

"나라면 할 수 있다!"라는 굳은 믿음이 용광로처럼 활활 타올랐다. 본사에서 알아주는 것 따위는 더 이상 중요하지 않았다.

타 매장에서는 본사가 백화점 측에 따로 행사 요청을 했었지만, 나는 직접 백화점의 사무실을 찾아갔다. 행사가 잡히면 매주 금요일마다 거울이 달린 매대를 에스컬레이터 옆으로 끌고 갔다. 그리고 열정적으로 판매에 집중했다. 그렇게 한 결과 연말이면 백화점에서도 본사에서도 주는 매출우수상은 내 것이었다.

이듬해 4월 백화점에서 부분적으로 개편이 있을 거라고 했다. 나는 작년 한 해 누구보다도 열심히 했기에 내심 기대했다. 백화점 측에서도 내 기대를 저버리지 않았다. 본사에서 전화가 왔다. 3층 구석의 구멍가게 같던 매장을 드디어 4층 MVG(초우량고객) 라운지 앞으로 옮기라는 연락이 온 것이다. 더군다나 현 매장보다 3배 정도 되는 평수가 주어진 것이다. 매장 확장이었다. 드디어 내가 생각했던 대로 일 시작 후 첫 번째 꿈이 이루어졌다.

4층의 새 매장 인테리어가 끝나 3층에서 이사하던 날은 새벽 4시에 출근했다. 잠을 거의 못 자고 출근했는데도 피곤하지 않았다. 부랴부랴 정리를 끝내고 오픈시간이 되자 백화점 오프닝 음악이 웅장하게 흘러나왔다. 그날 오프닝 행진곡은 마치 우리 매장을 위해 준비된 것만 같았다. 그렇게 나의 버킷리스트 중 하나가 완성되는 순간이 온 것이다.

나는 한 계단을 더 오름으로써 나의 가능성을 시험해보고 싶었다. 그래서 버킷리스트 수첩을 꺼냈다. 그리고 '내 이름으로

된 숍 오픈하기'를 쓰고서 구체적인 날짜까지 적었다. 나는 정확히 1년 후 회사에 사표를 내고 창업 준비를 했다.

비가 억수같이 쏟아지던 날에 아이 셋을 태우고 서울로 향했다. 큰애는 당시 운동선수였기에 아빠와 집에 남겨놓았다. 서울 동대문 쪽에 가발장인이 계시다는 소문이 있어서 밑바닥부터 다시 배우고 싶었다. 가발회사에서 근무했고, 실적우수매장으로 만들어놓기까지 했던 나였다. 하지만 내가 직접 가발을 심어봐야 가발의 특성을 잘 알 수 있을 것 같았다. 일주일간 친정에 머무르며 가발장인에게서 제대로 배우자는 각오를 품고 출발했다.

아이들은 뒤에서 마냥 신나했다. 엄마의 갑작스러운 회사생활로 같이 놀지도 못했으니 말이다. 즐거움도 잠시, 판교 톨게이트에 들어가기 전 회전 지역에서 문제가 생겼다. 빗길에 차가 미끄러지며 큰 사고로 이어진 것이다. 순간 내 소중한 새끼들이 엄마의 꿈 때문에 다 죽는 건 아닌가 싶어 만감이 교차했다.

아직도 그때 당시 상황은 머릿속에서 가물가물하지만, 정신을 놓지 않으려고 안간힘을 썼던 것은 분명하다. 그 짧은 순간에 내가 아는 범위에서 기어 조작도 다양하게 시도했던 것 같다. 계속 차가 밀려 오른쪽 가드레일에 '쾅!' 하고 부딪히는 소리와 함께 에어백이 터지고 차는 멈췄다. 차는 이상한 굉음을 냈고, 곧 폭발할 것만 같았다.

그 순간 뒤쪽을 돌아보니 아이들은 좌석 등받이를 꼭 잡고 있었다.

"엄마, 괜찮아?"

그 질문을 들으면서도 안도의 숨조차 들이마실 시간이 없었다. 도저히 열 수 없을 정도로 찌그러진 문을 엄마의 본능으로 힘차게 열어버렸다.

아이들을 무사히 톨게이트 쪽으로 피신시킨 뒤 남편에게 연락을 했다. 어떻게 연락했는지조차 기억나지 않는다. 친정아버지와 언니가 먼저 달려왔다. 남편은 전화로 모든 것을 다 처리해 주었다.

며칠 후 공업사에 가보니 차 안에는 아이들이 먹던 과자와 음료수 등이 널려있었고, 차는 폐차하기로 했다. 하늘이 돌봐주셨으니 망정이지….

"오, 하나님 감사합니다. 아이들이 모두 무사해서…."

어느 순간 내 입에서 감사기도가 나왔다.

동대문에서는 일주일간 개인 교육을 받기로 했다. 사고 후유증으로 온몸이 뻐근하고 무거웠지만 어렵게 연락된 분과의 약속을 지켜야만 했다.

동대문 시장통에서 조그만 가발매장을 운영하시는, 장애가 있는 여성분이셨다. 다리가 불편하시다 보니 앉아서 하는 직업을 택했고, 그 일이 가발을 심는 것이었다고 했다. 공장에서 가발 심는 기술을 배운 뒤 가발숍을 차렸다고 하셨다. 주로 국회의원들의 가발을 많이 해주셨다고 했다. 한마디로 '나 쉽게 보지 말라'는 얘기처럼 들렸다. 그 정도로 프라이드가 강하셨다.

나는 정말 밑바닥부터 시작하는 심정으로 허드렛일부터 가리지 않았다. 청소도 하고, 식사도 준비하면서 가발 심는 기술을 일주일간 배웠다. 머리카락을 한 올 한 올 심고, 가발 커트하고, 펌과 염색 등 하나도 빠짐없이 집중해서 익히고 기록하고 머릿속에 넣었다.

나는 시간의 제약이 있었기에 배우는 내내 몰입해야 했다. 미국 심리학자 칙센트미하이는 쉽게 몰입하려면 다음과 같이 하라고 강조했다.

① 목표를 명확히 한다.
② 일의 난이도가 적절해야 한다.
③ 결과의 피드백이 빨라야 한다.

그랬다. 내 목표는 명확했다. 가발매장에서의 근무 경험으로 그렇게 어려운 일도 아니었다. 결과를 가급적 빨리 확인하고 싶기도 했다.

나는 인생을 적당히 살고 싶진 않았다. 치열하게 최선을 다해서 살고 싶었다. 그리고 내 잠재력을 발휘해보고 싶었다. 그래서 그 일주일간의 배움을 최대한 활용해보자고 다짐하고 또 다짐했다. 내가 전업주부로만 지내다가 우연히 입사한 가발회사에서 실력을 발휘해봤기에 자신도 있었다.

어느 날 갑자기 '이것도 되네!'라고 생각했던 경우도 있지만, 그 이면에는 내가 처한 상황에서 최선을 다하며 살아왔다는 사실이 있지 않았을까 생각한다. 그러다 보니 '이것도 될 거야!'라는 자신감도 생겼으리라. '이민아 가발'은 그렇게 탄생했다.

4

사람을 진심으로 대하면서
관계를 오래 맺었다

우리는 살면서 자신도 못 깨닫는 사이에 수많은 인연을 만나고 또 스쳐 지나간다. 그래서 사람들은 흔히 "세월이 흘러도 가장 어려운 것은 인간관계"라고 말한다.

인간관계가 어려운 이유는 사람의 속마음을 알 수 없다 보니, 호감과 친분을 유지하기가 어렵기 때문이다. 그래서 다른 사람들과 잘 어울리며 인연을 오래 유지하기가 참 어려운 것이다.

하지만 삶에서 가장 중요한 것이 사람과의 관계다. 특히 사회생활을 하는 사람들에게는 더없이 중요하다.

나는 2년 반 동안 백화점 근무를 하면서 정말 많은 사람과 인연을 맺었다. 당시 맺었던 인연들이 10년이 지난 지금도 나를 행복하게 해준다.

성공의 기준을 100개의 계단으로 나누어 비교해본다면 99번째 계단에 서있는 사람은 100번째 계단까지 올라간 사람을 부러워할 것이다. 요즘 같은 경쟁사회에서는 마지막 한 계단에 미처 못 올라간 사람은 50번째 계단에 있는 사람이나 10번째 계단에 있는 사람과 다를 것이 없다.

그럼 100번째 계단까지 다 올라간 사람은 자신의 힘으로만 올라갔을까? 분명 타인의 밀어줌과 끌어줌이 있었으리라. 마지막 한 계단까지 기꺼이 오를 수 있었던 힘은 바로 나를 도와주는 사람들이 있기에 가능한 것으로서, 그 힘은 삶을 완전히 바꿔놓기도 한다.

내게도 고마운 사람들이 있다. 지금의 내가 존재하고, 내가 나날이 성공의 가도를 달리는 이유는 창업 당시부터 지금까지 힘들 때마다 나와 함께해준 '내 편'인 사람들이 있었기 때문이다.

내가 백화점에서 열심히 일하던 모습을 유심히 지켜봐주신 분이 있다. 직장 동료이자 입사 초기부터 항상 언니처럼 챙겨주시던 분이다. 내가 창업 의사를 밝히자 "넌 반드시 할 수 있어"라고 응원해주셨다.

그분이 동남아시아권에서 가발공장을 운영하시는 사장님을

소개해주셨고, 또한 그 사장님과의 인연으로 지금껏 내 사업을 유지하고 있다.

회사에서 나온 제품을 손질해서 판매하는 건 자신 있었다. 하지만 가발이 어떻게 생산되는지, 공장과는 어떻게 거래해야 하는지 전혀 몰랐으니, 그 언니의 소개가 없었더라면 아마도 먼 길을 돌고 돌았으리라.

가발매장을 운영하기 위해 창업하신 사장님들 중에는 중국과 방글라데시 등의 가발공장을 직접 찾아다니며 발품을 파신 분들도 있다. 하나같이 큰 소득도 얻지 못하고 고생만 했다고 말씀하셨다. 그렇게 따지면 나는 지인 한 사람 덕분에 시간과 비용을 엄청나게 아낀 셈이다. 이렇듯 좋은 인연 덕분에 결정적인 순간에 생각지도 못했던 도움을 받기도 했다.

그래서 나는 소개로 알게 된 사람이나 우연히 만난 사람에게도 항상 진심으로 대하려고 노력한다. 이것저것 재거나 말을 돌려서 하는 것도 싫어한다. 거래하는 과정에서는 상대방에게 너무 불리한 조건을 강요하지도 않는다. 그저 나 또한 손해를 보지 않을 정도의 '적정선'을 유지한다. 조건이 열악한 업체에는 내가 조금 손해를 보는 걸 택하기도 한다. 그러면 상대방도 반드시 고마움을 표시한다. 그들이 제품에 정성을 담으려고 노력하는 모습을 보이면서 나와의 소중한 인연은 더더욱 깊어진다.

나는 사소한 일이라도 다른 사람과 같이 추진할 때는 어색함을 없애려고 내 사적인 얘기를 많이 한다. 진심이 묻어나는 사적인 대화는 상대방의 마음을 열어주기도 한다. 한국 사람들이 특히 좋아하는 동류의식에 따라 상대방이 여자라면 아이들 얘기와 결혼생활 얘기를 한다. 주제가 같으니 할 말이 얼마나 많겠는가. 반면 상대방이 남자라면 혈연·학연·지연 등 연결고리를 찾으면서 대화를 풀어나간다. 어떻게든 연관성을 찾아내어 '우리'라는 공통분모의 공간 안에서 대화를 하다 보면 모든 일이 일사천리로 진행된다.

앞서 얘기했던 가발공장 사장님이 한국에 가족을 만나러 들어오시는 날짜에 맞춰 미팅을 잡고 약속 장소에 나갔다. 나를 소개해준 언니에게서 이미 많은 얘기를 들으셨는지 반갑게 맞아주셨다. 그런데 대화 내용이 내 의도와는 달리 엉뚱한 곳으로 흘러갔다. 당신 공장은 나같이 작은 매장과는 거래해본 적이 없고, 대량 납품만 한다는 내용이었다.

나 자신이 한없이 초라하게 느껴지면서 자신감마저 떨어졌다. 나는 전 직장에서 가발을 취급하면서 부족한 부분을 직접 보완해 나만의 고유한 브랜드를 만들고 싶었다. 시장통에서 보따리 장사를 하시는 분들을 통해 구한 저렴한 제품으로 시작하고 싶진 않았다. 아, 그런데 나처럼 조그맣게 시작하는 곳과 거래하면 타산이 맞지 않는다고 하시는 것이다. 더군다나 이미 생산되는 제품이 아닌, 별도 제작해야 하는 제품은 정말 어렵다고 하셨다. 쭉 설명을 들어보니 사장님 말씀에도 일리가 있었다.

그러나 나는 동남아시아권에서 가발공장을 운영하는 다른 사장님들을 만날 방법이 없었으니 여기서 포기할 수가 없었다. 겨우 힘들게 소개받은 분을 그렇게 놓치고 싶지도 않았다.

마침 사장님은 바쁜 일정이 있으신 듯했다. 오랜만에 한국에 들어오셨기에 하루하루가 선약들로 채워졌지만, 소개해주신 분 입장을 봐서 예의상 나오신 것 같았다.

죄송했지만 어떻게든 이분에게서 도움을 받아야겠다고 결심했다. 나는 앞으로 어떻게 가발사업을 할 것인지, 차별화 전략을 어떻게 세웠는지 등을 유창하게 늘어놓았다.

"시작은 미약하나 끝은 창대하리란 말도 있지 않은가요?"

그런 말까지 해가면서 계속 설득했다.

내가 아무리 특별한 전략을 세웠더라도 우선 가발을 납품받을 곳이 있어야 했다. 그러니 정말 중요한 순간이었다. 하지만 창업자금이 많지 않았기에 사장님께 내놓을 게 하나도 없었다. 결국 삶의 후배로서의 진정성과 열정을 보여드리는 것뿐이었다.

그날은 사장님의 또 다른 일정 때문에 대화의 결론을 맺지 못하고서 헤어져야만 했다. 힘이 빠져나가는 몸을 이끌고 나는 남대문시장으로 향했다. 가발을 판매하는 점포들이 밀집되었다고 해서 가봤지만 정말 내가 생각했던 방향과는 전혀 맞지 않았다.

발길을 돌렸다.

다음 날에는 다른 백화점 입점 업체에 전화를 걸어 대표님 미팅을 잡았다. 혹여 경쟁업체에서 근무했던 직원이 만나자고 하니 취업을 원하는 줄 알고 흔쾌히 약속을 잡아주셨던 것 같다. 그런데 제품을 납품받을 수 있는 공장을 소개해달라고 하니 그야말로 황당하셨을 것이다. 지금 생각하면 바쁘신 분들에게 아무것도 갖춰지지 않았던 내가 일방적으로 전화하고 약속 잡은 건 아닌가 싶어 죄송할 따름이다.

흔히 사람들은 뭔가를 얻으려고 할 때 "한 우물만 파야 한다!"면서 안되는데도 계속한다. 그렇게 억지를 부리면 '언젠가는 이루어지겠지'라고 막연히 생각하기 때문이다.

내 생각은 조금 다르다. 일이 순조롭게 진행되지 않는다고 해서 조바심을 내거나 '한 우물만 파겠다'면서 고집스럽게 계속 파고들 필요는 없다. 그래 봤자 능률만 더 떨어지고 혹여 상대방이라도 있다면 그마저 질리게 해서 일을 그르치게 된다.

나는 일단 후퇴하기로 했다. 일이 잘 안 풀린다면 '무엇이 문제인가? 다른 방법은 없는가?' 충분히 생각하는 시간을 가져야 하기 때문이다. 생각을 충분히 하면 반드시 답이 나오기 마련이다. 인간이 감당할 수 없는 일은 주어지지 않는다는 말도 있지 않은가.

나는 며칠 후 그 사장님께 장문의 문자 메시지를 남겼다. 절박한 사람이 흔히들 하는 메시지, "도와주시면 열심히 해서 꼭 보답하겠습니다"라는 메시지였다.

감사하게도 며칠 후 사장님에게서 다시 연락이 왔다. 대형 공장과 바로 거래하는 건 무리가 있을 듯하니, 일단 괜찮은 도매상을 수소문해보셨다는 것이다. 앞서 미팅 날 헤어질 때는 전혀 가능성을 보이지 않으셨지만, 그분도 나름대로 도와주실 생각으로 이곳저곳 알아보며 신경을 쓰셨다는 것을 알 수 있었다.

그리하여 나는 작지만 큰 그림을 그리면서 창업했다. 물론 지금은 그 사장님의 공장에서 내가 직접 제작을 의뢰한 제품을 납품받고 있다. 얼마 전에는 당신 조카께서 가발매장을 오픈하려하는데 내 노하우를 배우고 싶어 한다면서 교육도 부탁하셨다.

자칫 그냥 포기하고 내려놓았더라면 인연이 맺어지지 않았을수도 있었다. 그리고 내가 처음으로 사장님을 설득하기 위해 했던 말들을 끝까지 지켜내지 못했더라면 지금처럼 안정적으로 사업하지도 못했으리라.

그래서 나는 확신한다. 그저 어렵게만 느껴져 포기하고 싶었던 것들이 어느 순간 그 어떤 것과도 바꿀 수 없는 큰 가치로 변화될 수 있다고….

5

철저한 준비만이
답이었다

작은 가게를 창업하는 사람들은 보통 부업 삼아 창업하려고 한다. 그래서인지 충분한 검토 없이 막연하게 밑그림만 그린 채 시작하기도 한다. 가장 냉철한 판단력을 발휘해야 할 시점에 말이다. 그런 사람들은 "그냥 뭐든 차리면 손님이 알아서 오지 않겠어?"라고 말하며 환상에 빠진 모습을 보여 준다.

좋은 결과를 원한다면 소규모 창업이라도 지능적으로 해야 한다. 사자는 토끼를 잡을 때도 최선을 다한다는 말도 있지 않은가. 아무리 작은 가게를 차리더라도 사전 계획이 철저해야 성공이라는 목적지에 가까워진다는 것은 두말할 나위도 없다.

내가 선택한 가발시장은 넓다면 넓고 좁다면 좁다. 그리고 백화점 매장에서 일하기 전까지만 하더라도 머리숱이 많은 나는 가발이라는 품목을 접해본 적이 없었다. 단지 우연히 가발회사에 들어갔고, 그곳에 근무하는 2년 반 동안 가발시장의 무한한 가능성을 본 것이다. 창업을 결심함과 동시에 나 자신에게 제출할 사업계획서를 작성했다.

보통 가발업체들이 탈모 인구를 겨냥하는 것과 달리, 나는 '가발이란 생활편의용품이다'라고 생각했다. 대머리 아저씨들의 전유물만이 아닌, 누구나 편하게 이용할 수 있는 생활편의용품 말이다. 그랬더니 시장이 훨씬 넓어졌다. 주 타깃은 40대 이상의 중년 여성이었다.

많은 여성이 나이가 들면서 잦은 염색과 펌 때문에 힘들어한다. 출근하는 직장여성이라면 머리를 손질하는 시간에서 해방되기를 원한다. 그래서 가발에 대한 선입견만 깨뜨린다면 많은 여성에게 최고의 아이템이 되리라고 확신했다.

그 다음은 장소였다. 일단 주차하기가 편한 곳이어야 하고, "위치는 어디입니다"라고 말하면 바로 알 수 있는 그런 곳이어야 했다. 그래야만 광고를 하더라도 짧은 문구나 메시지로 전달하기가 쉽기 때문이다. 그런 곳을 찾기 위해 나는 내가 사는 도시의 지도를 펴놓고 일주일간 샅샅이 뒤지고 또 뒤졌다.

사실 창업을 결심하고 준비하는 과정에서 가장 힘들었던 일이

이 과정이었던 것 같다. 유동인구가 많으면서, 주차가 가능하며, 누구나 쉽게 찾아올 수 있어야 했다. 보증금과 임대료도 비싸지 않아야 했다. 한양 가서 이 서방 찾기보다 어려웠다. 하지만 일주일간 밤낮 고군분투한 결과 나는 찾아내고야 말았다.

비가 억수같이 오던 날 나는 그곳으로 향했다. 내가 원했던 곳과 기가 막히게 일치했다. 5층 건물이었고, 층마다 주로 중년층이 이용하는 2평 남짓한 옷가게들과 수입품을 판매하는 매장들이 빽빽이 들어찬 곳이었다. 지하에는 대형 슈퍼마켓과 작은 식당들이 있었다. 사막에서 오아시스를 찾은 듯했다.

그러나 이미 많은 사람이 찾던 곳이기에 임대료가 만만치 않았다. 부동산을 찾아가 당시 나온 임대물 중 가장 저렴한 곳을 소개해달라고 했다. 창업자금도 여유롭지 않았지만, 가발이라는 품목의 특성상 유동인구가 많은 동선에 있을 필요는 없었다. 내가 소개받은 자리는 3층의 가장 구석진 곳이었다. 몇 달 전부터 나와있던 자리였지만, 위치가 외져서 마땅한 주인을 못 만난 듯했다. 그래서인지 월세도 내가 원하는 수준과 맞아떨어졌다.

남들은 쳐다보지도 않던 자리가 내게는 명당이 될 수 있다고 생각했다. 문의전화가 왔을 때 설명할라치면 차라리 구석에 있는 편이 설명하기가 쉽겠다고 생각했다. 요즘에는 거의 네이버 같은 포털사이트를 검색해보고 문의하니 오히려 큰 건물 안에 있다면 구석 자리도 문제가 되지 않는다.

그렇게 나의 사업계획서에는 업종과 장소가 채워졌다. 남은 빈칸에는 고객님들에게 선택받을 수 있는 포인트들을 주로 채워 넣었다.

내 업종은 자칫 혐오감을 불러일으킬 수도 있는 특수한 품목이기에 인테리어에도 남들보다 몇 배 더 신경 써야 했다. 나는 처음이나 지금이나 매장 인테리어에 가장 집중하면서 가발사업을 해오고 있다. 인테리어를 몇 차례에 걸쳐 수정하고 변화시킨 결과 지금은 고객님들이 자주 오고 싶은 곳, 카페 같은 곳이라는 피드백을 많이 듣는다.

성공한 사람들의 공통점은 늘 변화를 시도한다는 점임을 잊지 말아야 한다. 계속 이익을 내려면 현재에 만족하지 않고 항상 변화를 시도해야 한다. 고객의 눈높이는 항상 진화하기 때문에 사업자라면 항상 그 부분을 염두에 두고 발맞춰 나아가야 한다. 그리고 어떤 품목이든 경쟁 상대가 등장하기 마련이니, 경쟁 상대에 뒤처지지 않기 위해서라도 계속 변화해야 한다.

경쟁 상대를 알고, 나를 알고, 고객을 알면 사업은 생각보다 쉽다.

보통 창업을 생각한다면 준비기간을 6개월 정도로 잡는 것이 좋다고 한다. 하지만 내 생각은 다르다. 얼마나 집중하고 몰입하는가에 따라서 준비기간은 줄어들기도 늘어나기도 한다. 나 역시 무슨 일을 해야겠다고 마음먹으면 잠자는 시간 빼고는 온통 그 생각에 사로잡힌다. 그렇게 하다 보니 생각하고 있는 바로 그 과제에 관한 꿈까지 꾸곤 한다.

때로는 준비 과정이 충분하지 않아서 실수가 따르기도 한다. 그러나 아무리 많은 시간을 투자해도 완벽한 조건과 환경은 존재하지 않을 수도 있다. 그러니 조건이 어느 정도 적절하다면 일단 시작하고, "시행착오를 겪으면서 일하자"는 각오를 하면 된다. 그러면 더 노력하게 될 터이니, 일도 더 빨리 진전되지 않겠는가.

우리 인생에는 반드시 타이밍이 있다. 그 타이밍이란 어떤 일을 행동으로 옮길 때다. 창업하려는 분야가 내가 잘하고 좋아하는 거라면 더없이 좋겠지만, 굳이 자신만의 전문 분야가 아니더라도 얼마든지 창업할 수 있다.

나는 가발사업이 번창하는 지금도 가끔 다른 사업 아이템에 관심을 보인다. 그리고 언제든 또 다른 일을 벌일 꿈도 꾸고 있다. 세상은 기회로 가득 차있기에 열정과 자신에 대한 믿음이 확고하다면 '창업하기에는 늦은 나이'란 없기 때문이다.

KFC의 창업자 할랜드 샌더스를 보라. 그는 늦은 나이에 성공을 이룬 대표적인 인물이다. 그는 62살 때 '나는 녹슬어 사라지는 것보다는 다 닳아빠진 후에 없어지리라'라는 결심을 하고서 세계 제일의 프랜차이즈를 일궈냈다. 샌더스가 환갑을 넘겼을 때 창업한 KFC는 미국 남부에서나 먹던 치킨을 전 세계에 널리 알리는 데 성공했다.

불혹을 한참 넘긴 나이에 과감히 도전하여 성공한 사람은 샌더스 외에도 무수히 많다. 나는 오히려 어린 나이보다 어느 정도 많은 것을 겪어본 불혹의 나이가 사업의 적기라고 생각한다. 늦은 나이에 시작하는 만큼 그동안 쌓아온 연륜을 바탕으로 철저한 준비와 노력을 기울일 수 있으니까.

6

나는 언제나
주인이었다

"나의 성공이 곧 너의 성공이고, 너의 성공이 곧
나의 성공이다."

직장생활을 할 때도, 지금 내 사업체를 운영하면서도 꼭 가슴
에 새기는 말이다. 바로 다음과 같은 사실 때문이다.

우리는 성공한 사람들의 겉모습만 바라본다. 그러다 보니 그
들은 운이 좋아서 성공했다고 생각하는 경향이 있다. 막연히
'부러워'만 하며, 그 사람이 어떤 과정을 거쳤는지에 대해서는
전혀 생각하지 않는다. 혹은 피나는 노력 끝에 이뤄냈다는 걸 알
면서도 부러워만 하고 그 사람과 똑같이 해볼 엄두를 못 낸다.

물론 나처럼 전업주부로만 지내온 여성은 갑자기 사회에 나

와 적응하기가 쉽지 않다. 나 역시 미용사 자격증을 취득하고 백화점 판매원으로 입사했을 때 느꼈던 두려움이 이루 말할 수 없었다. 회사와 백화점 눈치를 동시에 봐야 했고, 고객에게 제품에 대해 충분히 어필해서 판매와 매출로 이어나가야 했다. 당연히 출근하는 발걸음은 매일 긴장과 두려움에 휩싸였다.

나는 결국 "이렇게는 안 된다!"라는 결론을 내렸다.

당시 내가 소속된 가발회사는 백화점에 파견된 매니저에게 급여를 주는 식의 직원 체계와, 독립적인 사업자에게 수수료를 지급해주는 식의 체제를 가지고 있었다.

나는 입사 두 달 만에 본사와 협의해서 수수료를 받고 매장을 운영하기로 했다. 그래야만 내 사업장이라는 생각을 하면서 주체적인 운영을 할 수 있을 것 같아서였다.

물론 둘 다 장단점이 있었다. 급여를 받는 쪽은 안정적인 데다 시간이 지날수록 회사 체계에 따라 급여가 인상될 수 있었다. 반면 사업자로 등록하고 수수료를 받으며 매장을 운영하는 쪽은 내가 매출을 올리는 만큼 급여도 지급되었다.

그런데 앞에서도 언급했듯이 내가 매장에 왔을 때는 매출이 상당히 부진했었다. 백화점과 고객님들의 신뢰가 많이 떨어져 수수료를 받으며 매장을 운영한다는 건 상당한 모험일 수 있었다. 동료들도 말렸다. 하지만 나는 도전해보고 싶었다. 물론 몇 달간 급여에도 못 미치는 금액을 받기도 했다. 그래도 내가 주체가 되는 하루하루는 열정과 기대감이 있어 즐거웠다. 그렇게 열심히 내 사업장으로 운영한 결과 어느 시점에서는 월급보다 몇 배의 수익을 올리기도 했다.

나는 어려운 일을 결정해야 할 때마다 내 문제와 관련된 책을 읽으며 해결책을 찾았다. 책에는 나를 발전시켜주는 모든 게 들어있기에 항상 책에서 해답을 찾을 수 있었기 때문이다.

리사 히메네스는 저서 《두려움을 정복하라》에서 "두려움이 내 성공을 가로막는다"라고 했다. 그 한마디는 두려움 때문에 성취의 기쁨을 맛보지 못할 뻔했던 작은 나를 큰사람으로 만들어주었다. 잡지 〈석세스 Sucess〉를 창간한 오리즌 스웨트 머든의 저서 《단 하루를 살아도 주인공으로 살아라》 역시 나를 두려움에서 건져주었고, 전업주부였던 나를 그야말로 베테랑으로 만들어주었다.

《단 하루를 살아도 주인공으로 살아라》에는 성공한 사람들과 그렇지 못한 사람들의 '1퍼센트의 차이'가 자세히 나와있다. 성공한 사람들이 반드시 지켜야 하는 원칙과 자신의 무대에서 한껏 주인공으로 살아가는 방법을 제시해주기도 했다. 지금껏 어떤 위기 상황이 닥쳐도 초심으로 돌아가 밑바닥에서 다시 일어설 용기도 이 책에서 얻었다.

사람은 누구나 행복과 성공을 꿈꾼다. 그러면서도 남들과 같은 방식으로 생각하고 행동한다. 하지만 그렇게 해서는 성공할 가능성이 거의 제로다. 좋은 책을 접하거나 좋은 강연을 듣고서 그걸로만 끝내버리는 사람들이 특히 그런 경우다. 예전의 나 역시 그랬다.

하지만 진짜로 성공하기를 원한다면 이제부터는 그렇게 읽고 들은 걸 실천해야 한다. 성공한 사람들에게는 반드시 이유가 있다. 본인 역시 그들과 다르지 않음을 하루빨리 인식하고, '나도 할 수 있다!'라는 신념을 갖춰야 한다. 좋은 것은 과감하게 내 것으로 만듦으로써 나의 잠재력을 끄집어내 나만의 방식으로 승부를 내야 한다.

어느 곳에 있든지 내가 돋보이게 하고, 내가 없으면 그 빈자리가 크게 느껴지도록 만들어보라. 얼굴이 대단히 잘나지 않았더라도 가능한 일이고, 백그라운드가 탄탄하지 않아도 가능한 일이다.

매사에 최선을 다하고, 모든 것을 진심으로 대한다면 언제 어디서나 번쩍이는 후광을 갖춘 주인공이 될 것이다. 직장을 다니더라도, 혹은 직접 사업체를 운영하더라도 마찬가지다.

직원으로 일하더라도 회사의 타이틀을 등에 업고 또 다른 나만의 가치를 새롭게 만들 수 있어야 한다. 그래야 나만의 브랜드를 완성할 수 있다. 즉, 나 자신을 '브랜드'로 만드는 것이다. 회사에 소속되었으면서도 자기만의 브랜드를 내세워 여기저기에서 활발하게 강연 활동을 하는 사람들을 볼 수 있다. 이는 곧 그가 속한 회사의 이미지까지 부각시키는 일석이조의 효과를 낸다. 결국, 그 회사로서는 그 사람이 '없어서는 안 되는 인재'가 되는 것이기도 하다.

나는 사업자이지만 주부이기도 하기에 시장이나 마트에 장을 보러 간다. 야채·과일이나 생선을 파는 조그만 가게에서 간혹 대단한 젊은이들을 본다. 어쩜 저렇게 곰살맞게 어르신들을 대하는가 싶어 한참 서서 지켜보다가 어느새 필요 없는 것까지 사곤 한다. 어린 총각들이 과연 어디서 저런 기술을 배웠을까?

직원으로 일해도 주인공으로 사는 그들은 아마도 또래의 스펙 좋은 친구들보다 훨씬 더 빨리 성장하고 성공할 것이다. 나 또한 친절과 호감 있는 행동의 중요성을 다시 한 번 일깨워주는 바로 그 어린 친구들에게서 많은 것을 배우는 셈이다. 보는 이로 하여금 신뢰와 진정성을 느끼게 하는 그러한 기술이 진정한 성공의 기술 아닐까?

내가 가발이라는 품목으로 지금껏 매년 매출을 상승시킬 수 있는 이유 중 하나도 신뢰다. 내가 생각하는 신뢰는 나 자신을 브랜드화하고, 그 브랜드에 대한 책임을 지는 것이다. 책임이란 모든 상황에서 나 자신이 주인공일 때 발휘되는 것이다.

주인공이 되기 위해서는 자기계발을 끊임없이 해야 한다. 필요한 지식을 최대한 많이 배우고 습득해야 한다. 결국, 내 삶의 주인공이 된다는 것은 자신에 대한 책임을 지는 것이다.

인간은 자기 인생이라는 작품의 주인공으로서 당당하게 살도록 창조되었다. 자신의 가능성에 대해 훨씬 더 나은 상상을 하고, 자신감을 갖고서 밀고 나아가야 한다. 특히 자신감은 내가 주인공으로 사는 데 있어 가장 중요하다.

자신감이란 나 자신을 신뢰할 때 생긴다. 혹 자신을 의심하거나 실패의 두려움 때문에 억눌려있다면 어떤 자리에서도 주인공이 될 수 없다. 그러므로 항상 성공한 자신을 떠올려야 한다. 이를 좀 더 분명하게 인식하려면 상상력 훈련을 해보라. 자기암시 또는 혼자만 있는 곳에서 역할극을 해보는 것도 좋다.

뭐든 쉽게 이루어지지 않음을 인식하고, 늘 꾸준히 노력해야 나를 바꿀 수 있다.

더블유인사이츠 대표이자 아트스피치&커뮤니케이션을 운영하는 김미경 강사의 강의를 들었다. 김미경 강사는 만인이 좋아하는 베테랑 강사이자 많은 여성의 멘토다. 하지만 그녀도 첫 강의 때는 2시간 분량의 강의원고를 토씨 하나도 틀리지 않게 외웠다고 한다. 2시간짜리 강의 분량의 원고를 외우려면 얼마나 힘겨운 노력이 필요했겠는가. 그러한 노력의 결과 지금은 최고의 스타강사가 된 것이다.

이렇듯 성공한 사람들의 무대 뒤에는 수없이 반복되는 연습과 피나는 노력이 있다. 지금 성공의 반열에 오른 그들도 우리와 같은 평범한 사람들이었다. 다만 우리와 다른 것이 있다면 지금처럼 발전하기 위해 끊임없이 노력하고 정진했다는 사실이다.

7

스펙이 성공을
보장하지는 않았다

　　나에겐 스펙이 전혀 중요하지 않았다. 어차피 이렇다 할 경력도 실력도 없으니까. 좀 어린 나이부터 내 힘으로 열심히 살지 못한 결과이기도 할 것이다.

　시집올 때도 번듯한 혼수 한 가지 제대로 해오지 못했다. 그때 당시 남편이나 시댁에 참 미안했다. 하지만 지금 나는 집안의 가구나 가전제품을 하나씩 최신 모델로 바꾸고 있다. 순전히 내 힘으로 말이다. 시집올 때의 미안함이 희열로 바뀌는 순간은 말로 표현할 수 없을 정도다.

　어떤 사람들은 미안함을 자격지심으로 표현해버린다. 괜히 상대가 무시한다고 생각하고서 발톱을 날카롭게 세우다가 파경에 치달도록 싸우기도 한다. 이렇듯 인정해야 할 것을 인정하지 못하면 수많은 부작용이 생겨난다. 그래서 나는 모든 것을 인정하기로 했다. 어렸을 때부터 순탄치 않은 가정환경에서 자랐던 것이 내 잘못은 아니지 않는가. 하지만 그 또한 내가 감당해야 할 문제라 생각했다. 그리고 내가 부족한 만큼 다른 부분에서 더 챙기려고 노력했다.

어떤 일이나 관계에서 진심으로 대하려는 의지와 자신감은 화려한 스펙을 뛰어넘는다. 사실, 스펙 같은 것보다 '얼마나 절실한지'가 더 중요하다.

나는 가끔 직원 채용을 위해 면접을 본다. 미용실에서의 장기간 근무 같은 화려한 경력을 가진 지원자와, 경력이 짧아도 정말 하고자 하는 눈빛의 지원자가 있다면 나는 항상 후자를 택한다.

내가 생각하는 스펙은 성실함이다. 거기에 대담함과 건강이 받쳐주는 체력, 그리고 어떤 상황에서도 상대방에게 맞춰줄 수 있는 순발력과 적응력이 있다면 더없이 좋다. 내 과거와 견주어보면 '스펙이 좋은 사람'보다 '함께 일하고 싶은 사람'을 선택하는 편이 훨씬 좋은 결과를 가져왔다. 아마 이 얘기에 공감하는 분도 많으리라.

전업주부로만 있었던 여성들이 사회에 첫발을 내밀 때 이제는 조금의 망설임도 없기를 바란다. 먼저 포기하지도 말아야 할 것이다. 이력서에 채워 넣을 것이 없더라도 당당함을 얼굴에 나타 낸다면 사람의 마음을 움직일 수 있다. 할 수 있는 게 없는 것이 아니라 절실함이 없는 것이고, 그 마음이 얼굴에 나타나기에 구 직이 힘든 것이다.

이제 스펙 없이 성공하기를 시도해보자. 언제까지 지레 겁먹 고 포기하기만 할 것인가. 이제 포기보다는 있는 그대로를 인정 하면서 "어떻게든 되겠지!" 하는 자신감으로 무장해야 한다. 아 이를 키워본 엄마의 기질로 세상 앞에 나선다면 두려울 일은 없 다. 신은 여자를 그렇게 만들었다.

나는 경제력도 없었고 학벌도 없었고 탄탄한 친정의 지원도 없었다. 하지만 내게 부족한 스펙을 독서와 자기계발로 보완할 수 있었다. 요즘은 마음만 먹으면 얼마든지 자기계발을 할 수 있 다. 당장 스마트폰으로 유튜브를 열어보라. 많은 강의와 좋은 영 상이 가득하다. 대학교육을 받지 않았어도 대학교육을 받은 사 람들보다 더 탄탄한 내공을 얼마든지 쌓을 수 있다.

나는 형편이 좋지 못해 대학 졸업을 하지 못했다. 그래서 3년 전부터 만학도로서 대학공부를 다시 하고 있다. 지난 10년간 앞 만 보고 뛰었던 나에게 상을 주고 싶었기에 공부를 다시 시작한 것이다. 세상에서 말하는 스펙 쌓기는 이렇듯 언제라도 할 수 있 다. 다음과 같은 사례들도 보라.

2018년 8월부터 2019년 7월까지 국가공무원 인재개발원을 지휘한 양향자 전 원장은 2014년 1월 삼성전자 DS 부문 메모리 사업부의 상무로 승진했다. 삼성그룹 임원 승진자 중 사상 첫 '여상女商' 출신이었다. '고졸 출신 여성 임원', '연구원 보조 출신', '메모리 반도체 설계 전문가' 등 그녀를 둘러싼 수식어도 다양했다.

양향자 상무는 전문가들 사이에서 어깨너머로 틈틈이 반도체를 배우면서도 학업을 게을리하지 않았다. 그러한 끈질긴 노력 덕분에 삼성전자 기술대학을 최우수 성적으로 졸업해 반도체 설계 전문가의 길을 걸어가기 시작했다. 이후 D램 설계팀과 플래시 메모리 설계팀 등을 오가며 세계 최초로 메모리 반도체 설계 자동화를 추진했으며, 삼성전자가 메모리 반도체 분야에서 세계 1등의 자리를 유지하는 데 일조했다.

미국 최대 자동차회사인 GM은 105년 역사상 처음으로 여성 CEO 메리 바라를 임명했다. 두 자녀가 있는 직장여성이 거대 자동차회사를 이끌게 된 것이다. 메리 바라 역시 고졸 출신으로 최정상의 자리까지 오른 여성이다.

이들 외에도 압도적으로 많은 여성이 사회 진출을 하고 있다. 그녀들은 스펙에 관계없이 최선을 다하는 삶을 보여주고 있다.

나는 내세울 스펙이 없다는 현실을 보완하기 위해 자신감 있는 말투를 연습했고, 자신감을 보여주는 메이크업과 헤어스타일을 연구했다. 몸짓과 제스처와 눈빛을 연구했고, 표정도 연습했다. 자기계발 서적을 많이 읽고, 관련 강의도 수없이 들었다.

사소한 것 같지만 그 사람에게서 풍기는 이미지는 상당히 중요하다. 특히 남들 앞에서 당당해 보인다는 것은 많은 플러스 요인이 된다. 물론 외모와도 어울리는 내적인 면이 가득 채워져야겠지만 말이다.

그런데 가정주부들이 흔히 하는 얘기가 있다. 남편 뒷바라지와 아이들 돌보기 등 집안일로 시간이 없다는 얘기 말이다. 이는 모두 핑계에 불과하다.

나는 전업주부로만 있을 때도 밤이나 새벽 중 온전히 4시간 정도를 나만의 시간으로 활용했다. 지금도 나는 매일 아침 5시에 기상한다. 6시까지 출근한 뒤 매장을 오픈하는 10시까지 온전히 나만의 시간을 갖는다. 물론 아이들이 어렸을 때는 아침시간 활용은 어림도 없었지만 말이다.

지금은 막둥이가 중학생이 되었고, 남편과도 집안일을 완벽하게 분담하고 있다. 아침에는 남편이 애들을 챙겨주고, 나는 퇴근 후 저녁시간 내내 온전히 가족에게만 집중한다.

"그집 남편은 착하기도 하네"라고 말할지 모른다. 하지만 그렇게 되기까지 나 또한 응당한 희생을 치렀음을 짐작해주었으면 한다. 진심을 담은 대화와 부탁이라면 어떤 남편이든 받아들여줄 것이다.

어쩌면 내 남편도 '아내가 벌어오는 돈' 때문에 오케이를 해주었을까? 세상에서 가장 중요한 것이 돈이라고 하지 않든가. 잘 알겠지만 돈은 우리가 가진 많은 문제를 해결할 수 있다. 100세 시대를 살아가는 우리에게는 특히 여유자금은 꼭 필요하다. 그러니 일을 할 수 있다면 계속 뛰어야 한다. 내 인생의 2막은 내가 준비해야 한다. 그래서 지금은 많은 여성이 일하기에 '전업주부'라고 하면 더 신기해하지 않던가.

일을 시작하기로 했다면 남이 뭐라고 하든 신경 쓰지 말고 자신의 페이스대로 해야 한다. 그동안 가정을 위해 충실했는가? 그 역시 큰 자산이다. 《해리 포터》 시리즈의 작가 조앤 롤링을 보라. 지금 이 책을 읽고 있는 당신은 미혼모였던 그녀보다 조건이 훨씬 낫지 않은가.

롤링은 남편과의 불화로 결혼 1년 만에 이혼했다. 생후 4개월짜리 딸과 함께 무일푼의 몸으로 생활고에 시달리며 글을 쓰기 시작했다. 지금의 우리보다 훨씬 더 힘든 생활을 했지만, 그 과정을 토대로 《해리 포터》 시리즈가 탄생했다.

지난 내 경험에 비추어보면 일이 많고 바쁠 때 더 많은 일을 이뤄낼 수 있었다. 바쁘기 때문에 많이 움직이고 그래서 역동적인 삶을 살다 보니 에너지가 더해진 것이다. 한가해지면 하려고 했던 일들을 정작 한가해졌을 때 거의 이루지 못했던 경험은 누구에게나 있을 것이다. 그렇듯 조건이나 상황에 맞추기보다는, 마음먹고 일단 실행에 옮겨라. 그러면 비로소 작은 목표도 이룰 수 있다.

더 늦기 전에 내 안에 있는 무한한 능력, 잠자는 거인을 깨워야 한다.

2

꿈이 있는 아내는
가정의 운도 끌어당긴다

1

여자, 아내와 엄마가 열심히 살고
아름다워지면 '집안의 운'이 상승한다

　　나는 멋진 여성이고 싶다. 해를 거듭할수록 멋이 우러나는 사람으로 살고 싶다. 그러한 사람은 구수하고 깊은 맛을 내는 된장 같은 사람일 수도 있고, 부지런히 다듬고 윤을 냄으로써 반짝반짝 광이 나는 보석 같은 사람일 수도 있다. 둘 중 어떤 사람이든 좋다. 지성과 감성을 갖추어 내면이 멋진 여자는 깊은 맛을 내는 된장처럼 구수하면서도 보석처럼 반짝반짝 빛이 난다.

　그렇게 되기 위해서는 쉴 새 없이 자신을 갈고 닦아야 한다. 가정에서도 사회에서도 언제 어디서나 다시 보고 싶은 사람이 되어야 한다. 그런 사람이 된다면 가정의 운도 사회에서의 운도 상승할 것이다.

세상에서 가장 아름다운 것은 '나 자신을 끝까지 사랑하는 것'이라 생각한다. 그런데 살다 보면 바쁘다는 핑계로 정작 나 자신을 사랑하지 못하고 심지어 소홀해지는 경우마저 있다. 특히 여성은 더욱 그런 것 같다.

"여성이 아름다워진다"라는 말의 의미는 무엇일까? 마냥 예쁘게 꾸미기만 한다는 뜻은 아닐 것이다. 사회의 일원으로서 일을 즐기며 당당하게 살아가는 모습을 갖추는 것이 아닐까 싶다.

어떤 일을 하더라도 꿈에 대한 계획을 확실하게 세우는, 그리고 그 꿈의 계단을 하나씩 하나씩 밟아나가는 엄마의 모습과 아내의 모습은 그 집안의 기운을 상승시키기도 한다.

아이들이 있는 가정이라면 아마도 이러한 사실에 공감하리라. 아이들은 엄마와의 관계를 훨씬 편하게 여긴다. 그래서인지 아이들은 엄마의 영향을 많이 받고 자란다. 우리 집은 특히 내 모든 것이 아이들에게 반영된다고 생각한다. 그렇기에 나는 정신을 바짝 차리고 살지 않을 수 없다.

물론 가정에서 남자 어른인 아빠의 역할도 매우 중요하다. 하지만 엄마가 흔들림 없이 언제나 똑바른 삶을 즐겁게 살아간다면 아이들 역시 삶을 즐기며 올바르게 자랄 것이다. 엄마의 역할, 아내의 역할은 한 가정을 웃음이 가득한 곳으로 만들기도 하고, 항상 불안정하게 만들기도 한다.

이제, 집안의 가장이라는 이유로 남편에게만 모든 것을 의존하며 살아가는 것은 바람직하지 않다. 그것은 나를 내려놓고 남편만 배려하며 사는 것일 뿐이다.

《꿈이 있는 아내는 늙지 않는다》라는 김미경 라이프 코치님의 책 제목처럼 꿈을 갖고 도전해야 한다. 다시 말해 시간제 아르바이트를 하더라도 나만의 일을 갖고 당당하고 즐겁게 살아가야 한다.

"여성이 아름다워지면 가족 전부가 행복해진다. 부인이 아름답고 생기가 넘치면 다른 가족들이 그걸 보고 즐거워할 수 있기 때문이다. 이는 '집안에 행복의 신이 있는 것'과 같다."

사이토 히토리의 《부자의 인간관계》라는 책에서 읽은 내용이다. 부인이 아름다워지면 신기하게도 집안일이 잘 풀린다는 글을 읽으며 좀 웃기도 했지만 내 생각도 비슷해서 공감이 갔다.

길을 지나거나 부부동반이 있는 자리에서 유난히 눈에 띄는 부부의 모습을 본 적이 있을 것이다. 옆에서 생글생글 미소 짓는 예쁜 아내가 있는 남편의 어깨는 더 넓어 보이고, 얼굴이 그다지 잘 생기지 않았어도 멋져 보인다. 어쩐지 그 남자는 경제력이라든가 뭔가가 있어 보이기도 한다.

이렇게 남들 눈에 좋아 보이는 것 자체로도 그 집안의 운이 상승하지 않겠는가. 그래서 나는 그 집안의 운의 주도권은 여자에게 있다고 본다.

지금까지도 많은 여성의 관심 대상이 되고 영향력도 발휘하는 브랜드 '샤넬'을 창조한 디자이너 가브리엘 코코 샤넬. 당당하고 감각적인 매력의 그녀는 보육원에서 자란 후 그곳에서 배운 재봉기술로 20세기 여성의 패션 리더가 되었다. 샤넬의 일과 사랑과 삶에는 많은 교훈이 담겨있다.

"아름다움이란, 당신이 자신을 받아들이기로 결심할 때부터 시작된다"라는 샤넬의 명언은 내 삶에 많은 영향을 주기도 했다. 영화로 본 코코 샤넬은 자신을 향한 확신이 있었다. 그리고 자신의 위치를 확고히 하는 당당한 여성이었다.

나는 자신감을 잃을 때마다 "인생을 사랑하고 자신의 삶에 확신을 가져야 한다"는 코코 샤넬의 명언을 떠올린다.

코코 샤넬은 이렇듯 나를 설레게 하는 멋진 명언들을 많이 남겼다. 패션잡지 〈보그〉의 2018년 7월호에 소개된 그녀의 명언들 중 감명 깊었던 것들을 여기에 소개해보겠다.

- 힐에 올라서 고개를 들라. 기준을 높게 유지할 것.
- 초라하게 입으면 사람들은 그 옷만 기억한다. 완벽하게 입으면 사람들은 그 여자를 기억한다.
- 자신을 잘 가꾸고 잘 차려입는 사람은 타인의 내면을 보려

하지만, 그렇지 않은 사람은 자꾸 외모만 보려고 한다.

- 패션은 멋진 드레스만 일컫는 게 아니다. 하늘과 길거리에 도 있으며, 우리의 생각과 삶, 일어나는 모든 일과 관계를 맺고 있다.

- 옷으로만 패션을 완성할 수는 없다. 옷을 입은 사람의 가치가 살아야만 한다.

- 단장을 하지 않고 나서는 여자를 이해할 수 없다. 그것은 예의를 차리지 않는 행동이다. 오늘이 바로 운명의 상대와 만나는 날일지도 모른다.

- 못생긴 여자는 없다. 게으른 여자만이 존재할 뿐이다.

- 화려한 밤의 유흥을 매일같이 지속해선 안 된다. 스스로를 망가뜨리는 음식과 술에 탐닉해서도 안 된다. 양쪽으로 타오르는 초는 더 밝을 수 있지만, 그 이후에 따르는 어둠이 훨씬 짙다는 것을 명심할 것.

- 나는 내 삶을 창조했다. 이전의 내 삶이 싫었기 때문에.

일하는 여성이라면 회사나 사업장에서 매력을 드러낼수록 운이 좋아진다. 사람을 직접 상대해야 한다면 옷도 가급적 요란하지 않은 범주 내에서 화사한 것을 선택해야 한다. 나 역시 메이크업이나 헤어스타일을 정갈하게 신경 썼더니 손님도 더 많이 찾아오고 일도 잘 풀렸다. 이것은 순전히 내 경험이다.

예쁘고 세련되어 보이는 여자라면 같은 여자인 나도 한 번 더 유심히 보게 된다. 거기에 마음씨까지 푸근하다는 걸 느꼈을 때는 그녀의 매력에 푹 빠지고 만다. 이렇게 얘기하면 지나치게 외모지상주의적이라고 할 수도 있겠지만, 어차피 누구에게나 아름다움에 대한 욕망은 있지 않은가.

내가 미용사 자격증을 취득하고 한동안 학원에서 주관하는 미용 봉사를 다닌 적이 있다. 주로 요양원이나 정신병동을 갔다. 백발이 성성한 90살 할머니도, 정신적 장애가 있는 여성 환자도 "내 머리 예쁘게 커트해주세요"라는 말을 빼먹지 않았다. 그 정도로 아름다움에 대해서는 누구나 관심을 보인다. 성형외과, 피부관리실, 반영구시술을 하는 곳 등 미용에 관련된 업체들이 불경기에도 항상 호황을 누리는 것만 봐도 알 수 있다.

인물 자체가 타고난 미녀가 아니어도 괜찮다. 타인에게 호감 가는 인상을 심어주려고 노력한다면 얼마든지 매력적으로 보일 수 있다.

다만 잊지 말아야 할 것은, 외모를 가꾸는 동시에 반드시 그에 맞는 내면도 함께 가꾸어야 한다는 것이다. 외모가 화려하고 멋진 여자가 지적으로 비어있다면 자칫 비난의 대상이 되기도 한다. 한국 사람이면 다 아는 위인의 사진을 가리키며 드라마 주인공 아니냐고 했던 어느 예쁜 여자 아이돌 가수처럼 말이다.

외적으로도 내적으로도 갖춰진 여자는 어디를 가든 남들보다 월등한 대우를 받는다. 그렇게 되기 위해선 남들보다 조금 더 부지런해야 한다. 단지 여성이기 때문에 예쁘게 꾸며야 한다는 것이 아니다. 부주의한 관리는 곧 게으름으로 이어지고, 이것은 삶에 그다지 좋지 않은 영향을 주기 때문이다.

연예인이 아니면 어떤가. 우리 일반 여성들도 메이크업이나 의상, 말투 등을 신경 쓰면서 자신을 가꾼다면 삶이 활력과 새로운 경험들로 가득 찰 것이다.

2

치열하지만 아름답게 사는 방법,
아침시간을 활용하라

　　나는 치열하면서도 아름답게 살고 싶다. 그리고 지금 그러한 삶을 살고 있다고 자신한다. 나는 '가발'이라는 내가 선택한 아이템이 필요하신 고객님들로 인해 인생이 바뀌었다. 그래서 너무 감사하고 행복하다.

　　그렇기에 대학공부나 소모임 등 다른 바쁜 일들을 겸하면서도 일주일을 기준으로 30시간은 무조건 내 주 사업인 가발업에 몰두한다. 그러니까 오전 10시에서 오후 6시까지는 무슨 일이 있어도 매장을 지키려고 노력하는 것이다.

　　일요일에는 가족들과 조조영화를 본다든가 좋은 카페에서 힐링하는 시간도 갖는다. 애들과 단 1시간이라도 깊이 있는 대화를 하려고 노력한다. 그리고 한 달에 한두 번은 꼭 친목모임이나 동호회에 나간다. 내가 속한 모임은 동창회까지 다섯 개 정도다. 나는 아무리 바빠도 좋은 사람들과의 관계를 유지하기 위해 노력한다. 그리고 두어 달에 한 번은 꼭 콘서트나 뮤지컬 관람도 한다.

이렇게 할 것 다 하면서도 사업 잘해나가고, 책도 쓰고, 매일 유튜브 방송까지 할 수 있는 이유는 아침시간을 활용하기 때문이다. 앞서도 얘기했듯이 나는 무슨 일이 있어도 오전 5시에 기상해서 6시까지 내 사업장에 도착한다. 매장 오픈 전인 오전 10시까지 4시간을 몽땅 나를 위해 투자한다. 음악을 틀고 핸드드립으로 커피를 내리고 나서 명상하는 시간을 갖거나 책을 읽는다. 글도 쓴다. 이 시간은 아무에게도 방해받지 않는, 오롯이 나만의 시간이다.

아침시간을 남들처럼 보냈던 예전에는 불면증으로 신경이 예민해지기도 했다. 때로는 밤을 꼴딱 세기도 했다. 그런데 5시에 기상하기 시작한 뒤부터는 신기하게도 불면증이 완전히 사라졌다. 물론 처음 한 달 정도는 너무 힘들었다. 사업장에서 졸기도 하고 책상에 엎드려 자기도 했다. 그냥 아침에 조금 더 자는 것이 여러모로 더 좋을 것 같다는 생각도 들었다. 하지만 그렇게 한 달여간 고군분투했더니 점점 익숙해졌다. 이제는 부득이한 사정으로 아침시간을 활용하지 못했을 때는 하루를 몽땅 도둑맞은 듯하다.

나는 아침 4시간을 통해 내 인생을 역전시키고 있다. 하루하루 유튜브 방송을 하고, 오랜 꿈이던 나만의 책도 썼다. 내 사업장을 더 좋은 방향으로 어떻게 이끌지에 대한 아이디어도 모두 아침시간에 나온다.

자기 자신을 발전시키고 싶지 않은 사람은 없을 것이다. 하지만 자신을 발전시키기 위한 공식이 정해져있는데도 따라하지 않으면서 마음으로만 갈망하는 사람들이 참 많다. "좋겠어요. 참 부지런하시네요. 나도 그렇게 해야 하는데…" 같은 말만 하고 있을 뿐 정작 실천에 옮기려 하지 않는다.

나는 습관을 바꾸고 싶을 때도 책의 힘을 빌린다. 할 엘로드의 《미라클모닝》이라는 책을 읽고서 아침시간을 활용하기 시작하여 내 삶을 변화시켰다. 또한 미즈노 남보쿠의 《운명을 만드는 절제의 성공학》이라는 책을 읽고 나서는 일에 집중하여 많은 성과를 냈으며 다이어트도 잘되었다. 이렇듯 책을 통해 변화시킬 수 있는 게 수없이 많다. 그중 이 두 권의 책에 대해서는 자세한 활용법을 소개하고 싶다. 삶의 정체기에 있다면 반드시 도움이 될 것이다.

내가 매일 실천하는 《미라클모닝》의 방식은 이렇다.

명상

10분간 입을 꼭 다물고 가만히 앉아, 원하는 것이나 신경 쓰였던 것들이 잘 해결되기를 바라는 마음으로 집중해서 기도하고 명상하며 호흡한다.

독서

한 권의 책을 다 읽으려고 하기보다는, 관심을 끄는 소제목을 고른 뒤 해당 챕터 정도만 읽는다. 책으로 인해 그날의 생활 패턴이 달라질 수도 있기 때문이다. 무엇보다도 독서로 쌓인 지식은 학교교육으로 쌓인 지식보다 더 유용하기도 하다. 심지어 독서 습관만으로도 삶을 바꿀 의욕까지 생겨날 것이다.

확언

그날 하려는 것이나 처리해야 할 문제 등이 "잘될 것이다!"라고 확신의 말을 되뇌면 내면의 무한한 잠재력이 솟아날 것이다.

상상(시각화)

자신이 되고 싶은 존재, 가고 싶은 곳 등을 담은 '비전 보드 vision board'를 머릿속에 새긴다.

감사일기

매일 〈감사일기〉를 작성하면 상상해보지도 못했던 큰 결과물이 나타난다. 늘 감사하는 마음을 가진다면 태양의 기운보다 강력한 에너지를 받을 수 있다. 무엇에 감사하는지를 노트에 쓰는 아주 간단한 일이 기분을 나아지게 하기 때문이다.

운동

간단한 스트레칭이나 요가 정도로 몸을 깨우고 안정시키면 정신도 맑아진다.

나태해지고 무절제한 생활을 한다고 느낄 때마다 《운명을 만드는 절제의 성공학》을 읽으면 경각심이 일어나서 나 자신을 다잡게 된다. 이 책의 핵심은 "입에 쓰레기를 넣지 마라! 절대 과식하지 마라", "모든 성공은 스스로 인생을 절제함으로써 완성된다", "마음가짐과 몸가짐이 바르면 좋은 운이 생긴다" 등이다.

이 책은 우리를 유혹하는 것들에 대해 이성적으로 판단할 수 있도록 스스로를 절제하라고 강조한 책이다. 무엇을 먹고, 어떤 생각을 하고, 어떤 행동을 했느냐에 따라 삶이 바뀐다는 것이다. 결국, 우리의 운명은 삶을 대하는 태도에 따라 달라진다는 의미이기도 하다.

특히 음식에 대한 절제를 강조한다. 식욕을 억제하여 과식하지 않고 건강하게 음식을 섭취하라는 뜻이다. 물론 이것이 실천하기가 가장 어렵다. 하지만 이를 실천해야 성공의 길로 나아갈 수 있다는 것이다.

나는 이 책의 내용을 실천하다 보니 몸무게가 줄어든 것은 물론, 사업도 가정도 두루두루 잘되고 있다는 걸 느꼈다. 이 책은 《김밥 파는 CEO》의 저자이기도 한 김승호 회장과 슈퍼스타 비도 꼭 읽어보라는 책이기도 하다. 이 책을 접하게 된 계기도 《김밥 파는 CEO》를 읽은 것을 계기로 김승호 회장의 강의를 들으면서였다. 이렇듯 책을 읽다 보면 그 책이 추천하는 좋은 책도 접하게 된다. 그 덕분에 내 삶도 더 좋은 쪽으로 흘러가게 된다.

이 두 권의 책 외에도 좋은 책들은 지금도 서점에 홍수처럼 쏟아져 나온다. 그중 단 한 권을 읽더라도 핵심적인 부분에 밑줄을 그으며 읽어야 한다. 그리고 가끔 그 책을 꺼내어 다시 읽다 보면 어느새 그 책이 내 삶에 큰 영향을 미치고 있다는 사실을 발견하게 될 것이다.

흥미로운 사실은, 수많은 자기계발서나 성공한 분들이 하나같이 '아침형 인간'이 되라고 말한다는 사실이다. 아침시간을 활용하는 것이 성공의 밑바탕이 되었다면서 말이다. 그래서 나도 언제부터인가 '성공한 사람 따라하기'를 하고 있다. 한 번뿐인 인생을 멋지고 당당하게 살고 싶기 때문이다.

여성이라면 누구나 아름답게 살기를 원할 것이다. 그러기 위해서는 누구보다도 치열하고 뜨겁게 노력해야 한다. 동시에 아침시간을 적극적으로 활용해야 한다.

가족들이 아직 잠에서 깨지 않은 시간에 일어나라. 처음 한동안은 힘들겠지만, 익숙해지면 어느새 나를 발전시키는 최고의 방법임을 깨달을 것이다.

사람마다 추구하는 가치는 제각각이다. 하지만 누구보다도 당당하고 자신 있게 살아가고 싶다는 욕망은 모든 사람이 다 가지고 있으리라.

3

가정을 화목하게 만드는 여자가
사업도 잘한다

요즘에는 여성 CEO, 여성 정치인, 여성 장관 등 각 분야의 요직을 차지하는 여성들이 늘어나고 있다. 이렇듯 사회적으로 인정받는 여성들이 눈에 띄게 늘어나더니 사회 전반에서 여성들의 파워가 점점 세지고 있다. 여성들이 사회에 대거 진출하는 것은 비단 본인의 발전만을 위한 게 아니다. 사회에 나와서 열정적으로 일하는 아내를 사랑하는 남편이 있고, 그렇게 일하는 엄마를 존경하는 아이들을 위해서이기도 하다. 그래야 바쁘게 활동하더라도 신바람이 나지 않겠는가. 그만큼 가정은 일보다 훨씬 더 중요하다는 이야기다.

종종 아이들도 잘 키우고 집안일도 똑 부러지게 잘하면서 모범적으로 활동하는 여성 연예인들을 미디어 등으로 접하게 된다. 참 현명해 보여 절로 미소 짓는다. 연약해 보이는 그들이 어떻게 슈퍼우먼이 된 걸까? 그녀들에게는 지혜로움과 현명함이 있어서가 아닌가 싶다. 그녀들의 삶을 살펴보면 가정이 안정되고, 비중 있으면서 선한 영향력을 끼치는 사회활동을 주로 한다. 이젠 "다양한 일들을 다 잘하기란 힘들다"던 말이 지금은 사실이 아닌 것 같다.

여자가 사회활동에 치중하느라 집안일을 대충한다면 여러 가지 부작용이 생길 것이다. 그러면 사회활동을 성공적으로 하기도 매우 어려워진다. 엄마의 무관심 탓에 아이들은 비행청소년이 되고, 가정을 소홀히함으로써 남편과 자꾸 트러블이 생긴다면 절대로 사업이 술술 풀리지 않는다는 게 내 지론이다.

"집안일이든 사회활동이든 모든 걸 잘해내야 한다!"

이렇게 얘기하면 여자가 무슨 천하장사냐고 말하리라. 나는 "그만큼 지혜롭고 현명해야 한다"는 뜻이라고 말하겠다. 옛날에는 "여자라서 행복해요!"라는 광고카피도 있었다. 하지만 페미니즘의 시대인 오늘날에는 더는 여자라고 해서 연약한 공주처럼 살려고 해서는 안 된다.

잘 생각해보라. 남자들보다 체구도 작고 힘도 약한 우리 여성들이 훨씬 더 많은 일을 해내고 있지 않은가. 명절 때는 물론 평소에 맞벌이하는 가정에서 더욱 그런 경우가 눈에 띈다. 어떤 여성들은 이에 대해 억울해하거나 불공평하다고 한다. 불만이 쌓이고, 분쟁 아닌 분쟁이 많이 일어나는 게 이런 이유 때문이다.

하지만 그렇게 쌓인 불만은 내 인생에 전혀 도움이 되지 않는다. 그래서 나는 그러한 사실을 과감하게 인정하고 슈퍼우먼으로 살기로 했다. 그렇게 마음먹었더니 삶이 너무 즐겁고 신났다. 내 일을 포기하지 않고도 집안일도 잘해나가는 힘이 생긴 것이다.

우리 여성들에게 수많은 장애물이 있는 건 사실이다. 그렇기에 더더욱 강해져야 한다. 육아와 가사를 동시에 잘해내는 힘으로 우리는 사회에서 저력을 발휘해야 한다. 전화 통화하면서 우는 아이 달래고, 동시에 청소기를 돌리면서 가스레인지에 올린 냄비까지 살피던 기억이 있을 것이다. 사실 지금 생각하면 어떻게 그렇게 해냈나 싶을 정도다. 여자라서, 아니 엄마라서 가능했던 것이다.

'가화만사성家和萬事成'이라는 말이 있다. 집안이 화목하면 모든 일이 잘된다는 말이다. 나 또한 집안이 편하지 않을 때는 온종일 일에 집중할 수 없었기에 이 말에 공감한다. 현명한 여성이라면 가정 안의 일도 절대 등한시해서는 안 된다. 가정에서 즐거우면 회사에서도 즐겁고, 회사에서 즐거우면 직원들과의 유대관계도 좋아지면서 궁극적으로 일의 성과, 즉 매출도 올라간다.

우리 매장의 선생님들은 모두 결혼했거나 아이를 키운다. 그래서 가정의 화목이 중요하다는 걸 확실히 느낀다. 특히 남편과의 관계는 정말 중요하다. 그들 중 얼굴색이 좋아 보이지 않아서 물으면 여지없이 남편과 다툼이 있었다고 대답하는 걸 보면 말이다.

아내가 남편보다 돈을 많이 벌거나 퇴근시간이 늦어지기라도 하면 트러블이 종종 생기기도 한다. 이러한 트러블의 근본적 원인이 뭘까? 오늘날에도 살아있는 남성의 권위의식, 요즘 젊은 남성들도 특히 부담스러워한다는 "남성이 더 잘해야 한다!"는 보수적인 사회인식, 그리고 남자 쪽 혈통을 중시하는 전통적인 가족제도 때문이 아니겠는가.

내 가족과의 관계가 불편한 가운데 이루어진 성공은 아무런 의미가 없다. 남자들이 아내의 내조를 잘 받아서 성공했다고 하듯이, 여자도 사회생활을 하면서 남편의 지원(외조外助)을 잘 받아야 직장생활과 가정생활을 동시에 조화롭게 유지할 수 있다.

물론 부부의 역할 분담이 처음부터 순조롭게 이루어지지는 않으리라. 그 이유 중 하나는 우리 부모님 세대에서는 여성들이 사회에 진출하는 경우가 그다지 많지 않았기 때문이다. 집에서 살림만 하신 어머니와 주방에는 얼씬도 하지 않으신 아버지를 보면서 자라온 남편들이 가사를 분담해야 한다는 생각을 받아들이

기가 쉽지 않을 것이다. 아내가 경제적인 부분을 도우니까 자신도 가사를 도와야 한다고 인정하면서도, 이미 기존의 인식에 길들여진 몸이 말을 듣지 않는 것이다. 2015년 노벨 문학상 수상작인 《전쟁은 여자의 얼굴을 하지 않았다》에 소개된, 제2차 세계대전 때 나라를 구한 러시아 여성들이 군대를 떠나 고향이나 가정에 돌아와서 오늘날까지 받게 된 '대접'을 보면 이런 건 우리나라만의 문제는 아니구나 싶지만 말이다.

물론 여자도 전업주부로만 있다가 갑자기 사회의 일과 집안일을 같이 하다 보면 몸과 마음이 힘들다. 하지만 남편도 이 상황에 대한 적응 기간이 필요할 것이다. 처음부터 역할 분담을 운운하며 내 몸이 힘들다고 짜증 내면서 남편에게 불만을 토로하다 보면 '희망'이라는 단어는 나와는 점점 멀어져간다.

내가 처음으로 사회에 나왔던 10년 전에는 막둥이가 유치원에 다녔고, 딸 셋은 초등학교에 다녔다. 지금 돌이켜보면 어떻게 해냈을까 싶을 정도로 하루하루가 분주했다. 하지만 나는 '직장생활을 하면서도 집안일도 완벽하게 해버리자!'라고 처음부터 다짐했다.

이렇듯 나는 어떤 결정을 내려야 할 때면 항상 최악의 경우까지 생각하고 대비한다. 그래서 일을 시작했을 당시에도 나는 남편이 전혀 도와주지 않을 상황까지 생각하고 대처했다. 그 당시에는 힘들어도 힘든 내색을 하지 않고 그렇게 묵묵히 최선을 다했다.

그러던 어느 날 서서히 바뀌어가는 우리 집 분위기를 보면서 한편의 그림 같다는 생각이 들었다. 깨워도 잘 일어나지 못했던 남편이 아이들을 깨우는 것이었다. 아침을 준비하는 내 옆에서 초등학교 저학년인 둘째는 고사리 같은 손을 바삐 움직이며 수저를 놓고, 큰애는 밥통에서 밥을 푸고 있었다. 그 순간 나는 깨달았다. 무슨 일이든 불평 없이 최선을 다해서 하다 보면 하늘도 감동하는 시점이 찾아온다는 것을….

남편들은 대개 아내가 도와달라면서 불평을 늘어놓으면 오히려 디 안 도와주려는 것 같다. 어쩔 수 없다. 평생 그렇게 살아왔는데 하루아침에 바뀌겠는가.

차라리 지원을 해주고 싶은 마음이 생기도록 유도해야 한다. 10년이 지난 지금 우리 가족은 각자의 역할을 자연스러울 정도로 완벽하게 잘해내고 있다. 오히려 이제는 내가 미안할 정도로 다들 서로 더 많이 하려고 노력한다.

힘들 때 힘들다고 아우성이었다면 과연 우리 가정은 지금쯤 어떻게 돌아가고 있었을까? 그러니 명심해야 한다. 가정이 편해야 바깥일도 술술 풀린다는 것을…. 그러기 위해서는 우리 여성들이 더욱 지혜롭고 현명해야 하지 않을까.

4

아내의 삶, 엄마의 삶을
동시에 사는 사람은 강하다

자식을 키워본 사람이라면 누구나 아픈 손가락 이 하나씩 있을 것이다. 나에게는 우리 셋째 딸이다.

벌써 15년 전의 일이다. 남편이 선물로 받아온 값비싼 녹차를 동네 엄마들과 한 잔씩 마시기로 했다. 물을 한가득 끓여 녹차용 다기에 부어 싱크대 옆 조리대에 올려놓은 뒤 베란다에서 빨래 를 널고 있었다. 그 와중에 나는 너무 놀라 "안 돼!"라고 소리를 질렀다.

그때 13개월이던 우리 셋째 딸은 싱크대보다 작은 키였다. 그 런 아이가 두 손을 번쩍 들어 올려 뜨거운 녹차가 담긴 다기를 잡고 있었다. 뜨거움을 느낄 나이였기에 그냥 놓을 수도 있었으리라. 그런데 내가 소리를 지르는 바람에 저도 놀라서 반사적으로 얼굴 쪽으로 잡아당겨버린 것이다.

15년이 지난 지금도 그때를 떠올리면 가슴이 저린다. 그 당시 어떻게 119를 불렀는지도 기억이 나지 않는다. 그렇게 셋째가 화상을 입은 날부터 정확히 한 달 반을 병원에 있었다. 그때 나는 넷째를 임신 중이었고, 가장 조심해야 한다는 12주째였다. 지금 생각하면 미안한 일이지만 뱃속의 아이는 안중에도 없었다. 이미 낳은 아이도 잘 키우지 못하는데 아들을 낳으려고 또 넷째를 가진 내가 너무 미웠다.

화상을 입어보거나 화상 치료 과정을 지켜봤던 사람들은 그 고통이 얼마나 큰지 잘 알 것이다. 어린 딸이 발버둥치며 괴로워하던 모습은 차마 말로 표현할 수가 없다. 드레싱 과정을 지켜보던 내가 힘들다는 것 자체가 치료받던 딸아이의 고통에 견주면 사치였다. 임신 중이니까 나가있으라고 남편이 말했지만, 그냥 아이를 바라보면서 내가 괴로운 편이 차라리 아이에게 덜 미안할 것 같았다.

그랬던 셋째가 지금은 중학생이 되었다. 다행스럽게도 얼굴 쪽은 거의 완치되었으나, 귀 아래쪽 턱과 어깨에 남은 화상 자국을 보노라면 한없이 미안하기만 하다. 이렇듯 셋째는 나에게 아직도 아픈 손가락이다.

나는 사업을 하면서 시시때때로 찾아오는 역경 앞에서 당당해질 수 있었다. 나를 다시 일어서게 해주는 힘도 생겼다. 어떤 일 앞에서도 15년 전 내 아이가 겪었던 고통을 생각하면 "이쯤이 야!" 하고 주문을 외우며 다시 일어설 수 있기 때문이다.

"이 상황이 꿈이라면…" 할 정도로 지치고 힘든 날도 많았다. 심지어 전날 밤에 꾸었던 꿈에 의존하기도 하고, 철학관을 찾아 가 마음의 위로를 받았던 날도 있었다.

작은 사업이든 큰 사업이든 위기는 반드시 찾아온다. 그럴 때 마다 내가 극복할 수 있었던 힘은 가족이었다.

물론 셋째가 화상을 입었을 때는 나뿐만 아니라 가족 모두가 힘들었으리라. 남편은 회사일 끝나고 매일같이 2~3시간을 운 전하며 병원을 오갔고, 큰애는 엄마 없이 혼자 학교에 다녔다. 낯을 심하게 가리던 둘째는 태어나서 처음으로 엄마와 떨어져 이모네에서 지냈다. 지금은 아빠보다 더 크게 자란 막둥이도 무사히 태어났다. 그 당시 나는 하루에 2시간도 못 자며 셋째를 돌보느라 스트레스를 심하게 받았다. 그렇게 약해질 대로 약해 졌던 내 몸속에서 엄마를 놓아버리지 않고 잘 견뎌준 막둥이가 너무 고맙다.

온 가족이 힘들었던 그때를 생각하면 나는 절대 나약해질 수 가 없다. 이렇듯 내가 힘들고 지칠 때마다 다시 일어서게 해주는 원동력은 바로 우리 가족이다.

자식이 있는 여자가 성공할 수밖에 없는 이유가 있다. 자식을 대했던 따뜻함과 편안함으로 이미 워밍업이 되어있기 때문이다. 성공한 여자들에게는 공통점이 있다. 강한 파워 뒤에 온화한 분위기의 여성성이 남다르다는 점이다. 역시 여자의 강점은 '따뜻함'과 '푸근함'인 것이다.

영국의 엘리자베스 1세 여왕은 "이 나라 영국과 국민들을 위해 꼭 부탁드립니다!"라는 부탁의 언어를 사용했다. 그로 인해 프랜시스 드레이크 제독을 비롯한 많은 남자들은 목숨을 내어놓았다.

오늘날에는 여장부의 이미지가 아닌 여성성으로 승부를 걸어도 충분히 승산이 있다. 부드럽지만 단호하게 일을 처리해나갈 수 있는 여성만의 장점을 부각시킬 수 있어야 한다. 가정을 관리해온 경험으로 작은 문제도 섬세하게 챙기는 강점을 살려야 하고, 힘들거나 포기하고 싶더라도 멀리 내다보고 이겨내야 한다.

혹시 지금 너무 힘든가? 그렇다면 당신은 지금 성공으로 가는 과정 중에 있는 것이다. 편안함과 성공은 절대 공존할 수 없다. 힘들어도 일을 쉽게 포기하지 않으면 먼 훗날 "그때 나는 행복해지는 길에서 벗어나지 않았다"라는 깨달음을 얻게 될 것이다. 그러니 열악한 주변 환경을 탓하기보다는 고군분투하며 이겨내고 살아남아야 할 것이다. .

고고하고 아름다운 성공은 없다. "내가 이렇게까지 해야 하나?"라는 생각이 든 적이 한두 번이 아니었던 건 나도 마찬가지다. 이미 성공한 여성들에게도 때때로 두려움과 고통이 찾아왔겠지만, 그녀들은 그 앞에서 좌절하지도 포기하지도 않았기에 오늘날과 같은 위치에 있는 것이다. 진짜 무서워 죽겠더라도 끈질기게 버텨내 결국 원하는 것을 이뤄낸 것이다.

결혼 준비를 하면서 행복을 꿈꾸듯, 사업을 준비할 때도 폼 나는 여사장의 모습을 그린다. 하지만 행복한 가정도 사업도 장애물을 넘어야 이루어낼 수 있다. 명심하라! 물을 끓이려면 섭씨 100도에 도달할 때까지 열을 가해야 한다는 사실을….

마음이 약해지거나 힘든 순간은 누구에게나 있다. 그럴 때 어떻게 대처하느냐에 따라 조금 더 성장할 수 있다. 그러니 인내로 해결해나가자. 어떤 상황이든 긍정적으로 바라보면 몸과 마음이 더욱 굳건해진다. 매사에 긍정적인 자세가 정신을 더욱 강하게 만든다. 특히 우리 여성들은 아이들 문제 앞에서 한없이 약해진다. 혹시 아프기라도 할 때면 더욱 그럴 것이다. 하버드 경영 대학원 교수 케이틀린 맥긴도 2017년 〈뉴스페퍼먼트〉지와의 인터뷰에서 이렇게 말했다.

"대부분의 워킹맘들은 '내가 우리 아이와 시간을 더 많이 보내면 우리 아이가 더 나은 사람이 될 텐데!'라는 죄책감을 마음 한

구석에 갖고 있습니다. 그런데 우리 연구 결과는 엄마가 일하는 것을 보고 자란 아이들이 성인이 되었을 때 오히려 더 성공적인 사회생활을 한다는 것을 증명합니다."

나도 맥긴 교수의 주장에 동의한다. 사회생활을 하면서 아이들 때문에 걱정이 된다면 맥긴 교수의 연구 결과를 믿고 주문을 외워보자.

"엄마인 우리가 열심히 살아가기 때문에 우리 아이들 또한 잘 자라줄 것이다! 아이가 성인이 되었을 때 더욱 성공적인 사회생활을 할 것이다!"라고 말이다.

나처럼 일하는 여성들은 가족들에게 미안해해야 했던 아련한 사건들이 한두 가지씩은 있을 것이다. 그렇다면 힘든 일이 찾아올 때마다 떠올리자. 철없을 때 결혼한 뒤 적응하며 이겨냈던 남편과의 갈등, 아이를 낳던 때의 진통과 내 손길 없이는 목도 가누지 못하던 아이들을 키워낸 저력을 말이다. 아파서 보채고 울던 어린아이를 안고 응급실로 뛰어가며 노심초사했던 그때가, 지금 사회에 나와서 어려움을 겪을 때보다 더 힘들었으리라.

인간을 망각의 동물이라고 했던가. 하지만 우리, 즉 엄마들은 힘들고 어려운 일도 척척 해낸 여성들이다. 그럼에도 불구하고 사회에 나와서는 힘든 상황 앞에서 무너져 쉽게 포기해버리고 만다. 우리 여성들은 그보다 더 힘든 것도 이겨내고 버텨왔다는 사실을 잊지 말기 바란다. 오늘도 나는 엄마이기에 누구보다도 아름다운 성공을 하려고 노력하고 있다.

5

100세 시대,
인생 제2막은 여자가 준비하라

이제는 남녀를 불문하고 나이를 전혀 예측하지 못하겠다. 그래서 "나 몇 살로 보여요?"라는 질문을 받으면 혹여 실수라도 하지 않을까 걱정되어 선뜻 답변하지 못한다. 요즘 60대는 예전의 환갑잔치를 하던 할머니나 할아버지가 아니다. 그러다 보니 많은 이들이 60세 넘어 집에만 있다고 하면 "아직 젊은데 놀고 있으니 어쩜 좋아!"라는 말을 서슴지 않는다.

어느 신문 칼럼에서는 광복 이후 우리나라 사람들의 평균수명이 빠르게 높아지고 있다고 했다. 그도 그럴 것이 경제도 생활환경도 나날이 발전해오지 않았던가. 그래서 예전에는 평균수명이 남자가 70대, 여자는 80대라더니, '이제는 100세 시대'라고 한다.

평균수명의 연장에 대해 막연히 좋다고만 생각하는 사람들은 그다지 많지 않은 것 같다. 물론 건강하게 살 수 있고 풍요로운 생활이 보장된다면 얘기는 좀 틀리겠지만, 현실은 그렇지 못하지 않은가.

그렇다면 우리 여성들은 어떻게 대처해야 할까? 100세 시대를 살아가려면 돈도 필요하지만 분명 삶을 생동감 있게 살아갈 준비, 즉 '해야 할 일'을 가져야 한다. 정신도 몸도 건강해질 수 있게 해주는 나만의 일을 찾아야 한다. 은퇴 후의 인생 이모작 설계는 너무 늦다. 내가 그랬듯이 40대를 보내며 50대를 바라보는 여성들은 이런 사실 앞에서 더욱 긴장해야 한다.

친구들이나 나보다 나이가 좀 더 있는 여성들의 모임에서는 이구동성으로 남편들의 은퇴 후 걱정 얘기가 나온다. 시쳇말로 여자들은 어디든 가서 설거지라도 하면 되지만, 남자들은 아무리 좋은 직장을 다녔더라도 은퇴 후에는 할 것이 없다고 한다.

은퇴하거나 은퇴를 앞둔 남성 고객님들도 대개 그런 얘기를 한다. 연금이 나와서 금전적 여유가 있더라도 취미생활만 하는 데에는 한계가 있다는 것이다. 이렇듯 꽤 많은 사람이 100세 시대에 대해 걱정한다. 남자들 역시 그런 고민을 하고 있다는 걸 잘 알면서도 남편만 바라보며 사는 아내들은 아직도 적지 않다.

내가 일을 시작하면서 남자들이 가지고 있는 경제적 부담이 상당히 크다는 사실을 알게 되었다. 돈을 많이 벌거나 적게 벌거나 하는 것과는 상관없다. 남자들의 어깨는 항상 무겁다. 인간이 수렵과 채집에 의존해 살던 시절부터 남성은 바깥에 나가서 식량을 구해오는 역할을 맡았다. 그런 고전적 고정관념이 페미니즘의 시대인 오늘날에도 여전히 사라지지 않는 것 같다. 가부장제 사회의 영향으로 남성들의 목소리가 커 보이지만, 그 이면을 보면 남자들은 항상 어깨의 무거운 짐을 내려놓지 못한 채 힘겨워한다.

아들을 낳아서 키우고, 그 아들이 커서 결혼을 앞두고 있다면 더욱 실감할 수 있을 것이다. 일단 사회적 시선 자체도 놀고 있는 남자에 대해선 곱지 않다. 여자가 직업이 없는 것은 전혀 문제가 되지 않지만, 일단 남자가 경제 활동을 하지 않고 있다면 문제는 심각해진다. 아내와의 합의로 남자가 전업주부 역할을 자처하는 것마저 그리 당당하게 할 수 없는 게 현실이다.

우리 여성들은 아들에게는 관대해도 남편에게는 그렇지 못하다. 나부터도 시어머님의 금쪽같은 아들에게 미안할 때가 한두 번이 아니긴 하다. 그 미안한 마음을 만회하고자 우리 집 제2막의 커튼을 내가 열려고 한다. 그동안 고생한 남편의 짐을 덜어주고 싶다. 그래서 언제까지나 받으려고만 하는 공주 근성을 나는 깔끔하게 버렸다. 한편으로는 내가 좀 더 당당해지고 싶어서이기도 하다.

　학창시절부터 주변 친구들을 항상 웃게 만드는 유쾌한 친구가 있다. 그냥 소소한 재미를 주는 정도가 아니라 그야말로 배꼽을 쥐게 할 정도로 실컷 웃게 만드는 친구다. 그 친구가 자기 남편 고향인 경상도 변두리에 살고 있어서 자주 보지 못해 아쉬울 정도다. 그녀는 그동안 한 번도 경제 활동을 하지 않았는데도 전혀 그렇게 보이지 않았다. 사회가 요즘 어떻게 돌아가는지에 대해서도 누구 못지않게 잘 안다. 그런 그녀가 하루는 심각한 표정을 짓고서 속내를 털어놓았다.

　항상 즐겁고 행복한 줄만 알았던 그 친구의 속사정은 같은 여자로서 안타까울 정도로 가슴이 아팠다. 지면에서 자세하게 나열할 수는 없지만, 대충 남편으로부터 표현하기 구차할 정도로 힘들게 생활비를 받아서 쓰고 있었다. 그 친구는 금전적으로 전혀 자유롭지 못했고, 그녀의 남편은 가정적으로도 여러 가지 문제가 많은 듯했다. 그런데도 그녀는 자신이 아무것도 할 수 없는 이유만 나열하고 있었다.

　내가 보기에 그 친구는 자신의 특기를 살리면 성공적인 삶을 살아갈 수 있을 것 같았다. 노래 강사나 웃음 강사를 해도 누구 못지않은 인기를 얻을 수 있다고 생각한다. 요즘은 급속한 노령화로 인해 도시는 물론 시골의 마을회관과 주민자치단체, 백화점의 문화센터, 대형 마트, 동사무소까지 노인이나 중년을 위한 다양한 프로그램을 운영한다. 특히 어느 지역을 가더라도 노인들이나 중년들을 위한 프로그램이 활성화되어 있다. 그래서 남을 웃게 하는 재주가 상당한 그녀가 할 수 있다는 믿음을 가지고서 단계를 밟아나간다면 충분히 가능하리라 믿는다.

우리 매장에도 유명한 노래 강사분들이 화려한 헤어스타일을 가꾸기 위해서 꽤 찾아오시는 편이다. 그분들과 얘기를 나누다 보니 주부로만 지내다 뒤늦게 본인의 자질을 살리신 분들도 많다는 걸 알게 되었다. 그분들은 본인의 전공과는 전혀 무관했던 분야에서 '아줌마 파워'를 제대로 보여주시는 듯했다. 그래서 나는 그 친구가 떠올랐다. 그 친구도 내가 알고 있는 강사분들처럼 노력하면 아주 잘할 것 같았다.

그래서 그 친구를 위해 일부러 시간을 내 다양한 루트를 찾아주었다. 하지만 그로부터 2~3년이 지났어도 그 친구는 그때와 똑같이 그대로 안주해있다. 변화가, 그리고 배우기 시작하는 과정이 두려운 것이다. 그 친구처럼 타인의 눈에 보이는 것들을 정작 자신은 보지 못하고 신세 한탄만 하면서 힘든 현실을 감추고 사는 사람들이 많다는 걸 새삼 깨달았다.

앞서도 몇 차례 언급했지만 새로운 변화를 시도하려다 보면 누구나 두렵고 불안하기 마련이다. 변화해야만 성공적인 삶을 살아갈 수 있다는 것이 경쟁사회에서 잊지 말아야 할 중요한 문제가 아닐 수 없다. 도전하는 것이 무조건 잘 풀릴 수만은 없다. 또 처음부터 탄탄대로를 걸을 수도 없다. 그렇다고 하더라도 이제는 우리의 멋진 인생 제2막을 준비해야만 한다. 인생 제2막은 어쩌면 선택이 아니라 필수다. 아이들 키우고 남편 뒷바라지만 하며 살았더라도 마음만 바꿔먹으면 얼마든지 가능하다.

남들의 화려한 스펙을 뛰어넘을 수 있는 것은 "나도 할 수 있다!"라는 내 안의 믿음을 확고히 하면서 관심 분야에 첫발을 들여놓는 것이다. 그런 다음에는 오로지 최선을 다해야 한다. 그러면 어느 순간 정상에 가까워져 있으리라.

"남들도 다 하잖아! 나라고 못 할 것 없지!" 같은 야무진 생각으로 밀고 나가자. 남들이 이상한 사람으로 볼 정도로 무모한 도전을 해서 성공한 사람들도 많다는 사실을 떠올리면서 말이다.

지금 나이 50이라고 해도 평생의 절반만 살아온 셈이다. 나는 그 나이대가 새로운 인생의 출발점이라고 본다. 나도 지금까지 이런저런 상황들과 부딪히고 겪으면서 이제 좀 철이 들었다고 생각해서 이런 말을 하는 것일지도 모르겠다.

오늘 아침에도 거울을 보며 나 자신과 약속하는, 다음 페이지의 것과 같은 주문을 외웠다.

"나로 인해 가족들과 직원들이 행복해질 수 있기를 바라며, 지금보다 더 당당하게 도전적으로 살아가겠다."

나와 같은 여성들이 그동안 가정이나 회사에서 조연을 맡았다면, 이제는 주인공이 되어볼 때다. 그 덕분에 더욱 당당해지고 보람찬 삶을 살게 될 것이다. 우리의 멋진 인생을 위해 지금 즉시 내 안의 잠자는 거인을 깨워 일으켜 세워보자.

6

성공하려면 자신의 기질과
성향을 잘 알아야 한다

인간에게는 무한한 가능성이 있다. 그러니 자신에게 지금 당장 눈에 띄는 특별한 재능이 없다며 실망할 필요는 없다. 나 역시 학벌도 스펙도 재력도 없는, 결혼해서 아이들만 키운 전업주부였다. 오로지 내 인생을 역전시키고 싶다는 열망만 있었다. 지금 생각하면 그 막연한 열망이 나의 가능성이 되어 준 셈이다.

나는 어렸을 때부터 큰 사업가가 될 거라는 얘기를 많이 들으며 자랐다.
"원, 세상에. 내세울 게 아무것도 없는 내가 사업가라니….."

덕담 정도로 여기고 그냥 웃어넘겨버리곤 했다. 하지만 내 나이 마흔이 넘어서야 그런 말들이 조금씩 현실로 다가왔다. 어쩌다 한번 생각해본 일들이 어느 순간 이루어져있는 특별한 경험을 하게 되면서 그런 사실을 실감한다. 도저히 불가능해 보이던 것들을 하나하나 이루어가는 나 자신을 지금도 여전히 발견한다. 아직 큰 사업가라고 하기는 좀 그렇지만, 여전히 내 안에는 열망이 가득 차있기에 더 큰 꿈도 꾸어본다.

내 어린 시절을 돌아보노라면 아직도 한 번씩 눈시울이 뜨거워진다. 기억이 가물가물한 서너 살 무렵이었다. 통일호 열차 안에서 나와 이름이 비슷한 언니가 수줍은 듯 내 손을 꼭 잡고 있었다. 처음 봤지만 그래도 따뜻함이 느껴졌다. 바로 옆에서는 할머니가 음료수와 달걀을 까서 입에 넣어주셨다.

"친자매간은 죽으나 사나 같이 붙어있어야 한다."

그렇게 말씀하시며 나를 꼭 안고 눈물을 훔치셨다. 지금도 또렷이 기억나는 할머니의 말씀이다. 어린 나는 '처음 본 사람들도 이렇게 따뜻하고 편할 수 있구나'라고 생각했다. 나이 마흔이 넘은 아직도 그 낡았던 열차 안의 훈훈함을 잊을 수 없다. 내가 태어난 지 얼마 안 되어 부모님은 이혼하셨다고 했다. 그로 인해 언니와 나도 덩달아 생이별을 했던 모양이다.

나는 엄마의 친정인 목포 외할머니 댁에서, 언니는 서울 친할머니 댁에서 살게 되었다고 한다. 우리 두 자매의 먼 훗날을 생각하신 친할머니의 다부진 결단으로 "우리 핏줄은 내가 키웁니다"라는 말과 함께 그 길로 나를 외할머니 댁에서 안고 와버리셨다. 그렇게 우리 세 식구의 생활은 시작되었다.

이혼하셨을 당시 부모님도 철부지였으리라. 친할머니께서는 행여 이혼 후 몸도 마음도 지쳤을 사람들에게 당신의 손녀들을 키우게 하고 싶지 않으셨던 것 같다.

언니와 나도 커가면서 친할머니랑 사는 것이 더 행복하다고 생각했다. 부모님의 사랑 못지않은 친할머니의 큰 사랑을 받고 자라서 그랬던 모양이다.

우리 세 식구의 생계는 친할머니가 직접 책임지실 수밖에 없었다. 그래서 그런지 경제적으로는 매우 힘든 어린 시절을 보냈다. 친할머니는 우리 두 자매를 어디 내어놓아도 기죽지 않게 하려고 험한 일도 궂은일도 가리지 않고 닥치는 대로 하셨다. 우리를 키워내신 친할머니의 기억이 주마등처럼 스쳐 지나간다. 마치 부적처럼 나를 위기에서 구해주기도 하셨고, 힘들어 지쳐 쓰러질 것만 같을 때도 다시 일으켜 세워주곤 하셨다.

새벽부터 일찍 일하러 가셔야 하는 친할머니 때문에 초저녁부터 이부자리를 깔았다. 셋이 누워 서로 이불을 잡아당기며 웃고 장난쳤던 그 가난했던 시절이 내 삶에 거름과 양분이 되어주었다. 그 덕에 나는 가슴 따뜻한 사람이 되어갔다.

결혼하고 아이 넷을 키우면서 친할머니의 사랑이 얼마나 크고 위대했는가를 느끼고 또 느낀다. 나는 그런 친할머니의 지극정성 손길 덕에 어딜 가도 이혼한 가정의 아이처럼 보이지 않았고, 심지어 귀하게 자란 부잣집 아이로 보였던 것 같다. 세 식구가 단칸방에서 살아도 항상 행복하게 살도록 해주신 친할머니로 인해 나는 항상 자존감이 높았고, 무슨 일을 하든 자신감이 넘쳤다.

나는 대단히 예쁜 얼굴도 빼어난 몸매의 소유자도 아닌, 지극히 평범한 사람이다. 아무런 스펙도 학력도 든든한 백그라운드도 없다. 하지만 나는 어렸을 때부터 순탄치 않았던 가정환경을 감추려고 부단히 노력했다. 당시 어린 마음에 내가 할 수 있던 것은 아마도 자신감 있어 보이도록 내면과 외면을 가꾸는 것이었으리라.

그래서 나는 그때 그 시절의 어려웠던 환경이 좋은 습관을 만들어준 것을 고맙게 여긴다. 그런 습관 덕분에 주변 사람들에게서 항상 부러움과 덕담을 들을 수 있었다. 지금 생각해보니 그런 말들이 나를 당당한 여성으로 만들어주었다고 생각한다.

나는 어딜 가든 당당했고, 모든 일에 최선을 다했다. 백화점에서 판매직 매니저로 처음 일할 때도 주변에서는 전혀 신입사원처럼 보지 않았다. 물론 경력사원처럼 보이기 위해 부단히 노력했지만 말이다. 마치 호수 위에서 우아한 자태를 뽐내는 백조가

물밑에서는 쉴새 없이 발길질을 하는 것처럼 보이지 않는 곳에서의 부단한 노력과 균형이 필요하다.

특히 사업을 준비하거나 직업을 선택할 때에는 노력과 균형에 더해 '적성에 맞는지'도 봐야 한다. 적성에 맞는 일은 그렇지 않은 일보다 더 잘해낼 수 있기 때문이다. 물론 이 일이 내게 맞는지 안 맞는지는 그 일을 오래 해봐야 알 수 있겠지만, 나는 느낌을 중요시한다. 만약 내가 선택한 일로 인해 매일 같이 피곤하고, 집에 돌아와서까지 일이 연장된다면 그런 일은 안 하는 것보다 못하다. 즉, 그 일은 나에게 맞지 않는 일이기 때문이다.

내 적성을 파악하고 싶다면 어렸을 때로 돌아가는 것을 권하겠다. 자신의 잠재의식 속으로 조용히 들어가보라. 지금 마흔이라면 기억이 나는 나이부터 10년 단위로 자신이 좋아했던 일들을 나눠서 생각해본다. 그리고 1년 단위로 가장 기억에 남았던 일들과 잘했던 일들을 적어본다. 자기 자신을 잘 알아야 적성도 쉽게 확인할 수 있으니까.

나 자신을 가급적 객관적으로 바라볼 필요도 있다. 막연히 생각만 하고서 끝내지 말고, 도형을 그리면서 적어야 한다. 아주 사소한 것조차도 기록하고 다시 읽어보는 습관은 많은 것을 이룰 수 있게 해준다.

누구나 타고난 적성이 있을 것이다. 그것이 바로 '달란트'라는 것이다. '주인님'으로 비유된 하나님께서 '종들'로 비유된 인간들에게 나눠주신 바로 그 은화들 말이다.

아이들이 종종 학교에서 적성검사를 했다면서 검사지를 가져온다. 그렇듯 이제는 인생 제2막을 준비해야 하는 나를 위한 적성검사도 필요하다. 노동부 사이트에서 무료로 제공되는 다양한 검사 방법도 있고, 유료 사이트도 있다. 나의 강점과 약점을 알아볼 수 있는 홀랜드 검사, 나도 모르는 나의 관심 분야를 알려주는 커리어넷 진로 심리 검사, 나에게 적합한 직업을 확인할 수 있는 워크넷 직업 심리 검사, 성격 유형을 알아볼 수 있는 MBTI 검사, 나의 진짜 성격을 확인해볼 수 있는 DISC 검사, 그리고 나는 어떤 사람인가를 분석해볼 수 있는 에니어그램 테스트 등이 그러하다. 내 성격을 막연히 아는 것과, 정확한 데이터를 통해 서류 형태로 보는 것은 많은 차이가 있다. 그러니 이러한 검사들을 해볼 것을 권장한다.

나처럼 전업주부로 지내오다가 사회에 도전장을 내밀고 싶다면 절실한 노력이 필요하다. 새로운 세계에 뒤늦게 적응하려면 남들보다 더 철저히 준비해야 하기 때문이다. 그러니까 나의 숨은 특기와 적성을 찾아내야 하는 것이다.

인간이라면 누구나 무한한 기회와 재능이 있다. 그래서 기상천외한 발명품들이 세상에 나와 온 인류를 깜짝 놀라게 하기도 한다. 이것은 학벌이나 스펙과는 무관하다.

뭐라도 하려는 사람들, 노력하는 사람들에게는 '운'도 찾아온다. 고작 단 한 달란트만 받았다고 그걸 땅에 묻어둔 하인처럼 막연히 기다리고만 있는 사람에게는 오려고 했던 운도 도망간다. 그러니 지금이라도 도전해보라. 마음먹기에 따라서 상황을 얼마든지 뒤집을 수도 있다.

생각을 한 방향으로 온전히 집중시킨다면 우리는 어떻게든 길을 찾을 수 있다. 특히 창업에는 아이템도 중요하지만, 본인의 성향이 이 일에 잘 맞는지 확인하는 것이 더없이 중요하다.

더구나 모든 업종에서는 서비스 마인드가 기본 중의 기본임을 잊지 말아야 한다. 서비스 마인드는 인간관계에서도 중요하지만, 사업을 할 때는 필수다. 항상 상대방의 입장에서 생각해보는 마인드를 갖추고 있지 않다면 창업 후 많은 어려움에 부딪힐 것이다.

마흔에 접어들어 일을 시작한다면 더욱 신중해야 할 것이다.

3

유쾌한 창업으로
성공하기

1

가발사업을 선택한 이유와
성공 가도를 달리고 있는 이유 3가지

내가 가발사업을 하겠다고 했을 때 주변에서 상당히 우려했다. 숫제 내가 직접 한다고 하니 더 그랬던 것 같다. 가발은 꼭 탈모가 있는 사람이 착용해야 한다거나, 대머리 아저씨들의 전유물이라고 여기는 사람들이 이렇게 많았던 것이다. 그래서 수요가 별로 없다고 본 것이기도 하다. 나도 가발에 대해서는 아는 게 별로 없었고 말이다.

이렇게 생각조차 해본 적 없던 품목을 나는 지금 잘 팔고 있고, 또한 많은 사람이 나더러 성공했다고 한다. 이렇듯 사업 아이템은 엉뚱한 곳에서 발견할 수 있다. 많은 사람이 하지 않는 것에서 성공의 씨앗이 발견될 수도 있다.

사실, 가발회사에 취업하기 전의 나처럼 미용사 자격증을 취득한 사람들은 대개 미용실을 차리려고 한다. 그런데 미용실은 수도 없이 많다. 전국 어디서나 한 골목을 지날 때마다 수많은 미용실을 볼 수가 있을 정도로 포화상태다. 물론 자기만의 독특한 운영 방식이 있다면 살아남을 수도 있다. 하지만 대부분의 미용실 원장님들은 너무 힘들다고 한다.

그래서 주변의 석연찮던 눈빛들을 뒤로하고 가발사업을 하길 너무 잘했다고 생각한다. 이렇듯 남들과는 다른 생각을 한다면 많은 가능성이 보인다.

물론 나는 일단 시작한 가발사업을 정말 잘하고 싶었다. 단, 나는 남들과 똑같지 않은 방식으로 승부하고 싶었다. 그래서 가발에 대해 심층적으로 연구했다. 우리나라의 가발 역사부터 현재 가발을 사용하는 사람들까지 꼼꼼하게 조사했다.

내가 가발사업을 선택해야만 했던 분명한 이유가 있다. 많은 사람이 아침 출근시간을 머리 만지는 데 쏟아붓는 것이 그 이유다. 그렇게 심혈을 기울여 만진 머리가 비라도 맞으면 엉망이 되어버린다. 어떤 사람들은 헤어스타일이 맘에 들지 않으면 하루 온종일 우울하다고도 한다. 그 정도로 헤어스타일이 중요하다면 가발사업에 도전장을 내밀어도 절대 망하진 않겠다고 생각했다. 다시 말해 탈모 인구에만 집중하는 다른 업체들과는 달리, 생활

편의에 집중하면 된다고 판단한 것이다.

내가 조사한 첫 번째는 여성들이 가진 아름다움에 대한 심리였다. 나에게도 그렇지만 많은 중년 여성들에게 풍성한 헤어는 자신의 얼굴을 돋보이게 해주는 첫 번째 요인이다. 그래서 헤어가 풍성하게 보이도록 하려고 매번 미용실을 간다든가, 아침에 일어나자마자 머리에 신경 쓰느라 20~30분가량을 투자한다.

나는 여성들이 좀 더 편하면서 예쁘고 당당하고 자신감 있게 살도록 해줄 수 있는 가발에 집중했다. 사극에서 여인들이 사용하는 풍성한 가체加髢는 실제 가격이 기와집 몇 채와 맞먹었을 정도로 신분과 부를 나타내는 척도였는데, 그 이유도 이런 점 때문이 아니었겠나.

이렇듯 풍성한 헤어는 자신감과 더불어 그 사람의 욕구와 욕망을 충족시켜주기도 한다. 그래서 승려가 되면 삭발을 하는 이유가 욕망의 싹을 자르기 위해서가 아니겠는가.

두 번째는 탈모 인구였다. 우리나라 국민 5명 중 1명이 탈모라는 충격적인 뉴스를 봤다. 우리나라 탈모 인구가 무려 천만 명이 넘는, 그야말로 '탈모의 시대'가 온 것이다. 예전에는 탈모를 노화 현상의 일종이라고 여겼으나, 최근에는 젊은이들도 탈모로 고민하는 형편이다. 직업·학업 그리고 주변 환경에 따른 스트레스와 식생활 때문이다. 물론 유전적 요인도 무시할 수 없다. 그래서 탈모치료제나 모발이식기술 등이 많이 개발되고 있다. 하지만 별 효과를 보지 못하면서 가발을 찾는 이들이 늘고 있다.

세 번째는 항암치료를 받으시는 환우님들이시다. 항암치료를 받으면 머리카락이 빠지기에 '내 머리 같은 가발'이 필요하다. 환우님들은 항암치료에 따른 고통과 더불어 갑작스러운 머리카락 빠짐으로 인해 우울감에 시달린다. 항암치료를 시작하면 2~3주 후부터 탈모가 시작되기에 벌어지는 일이다. 치료를 시작한 환우님들은 외모의 변화로 인해 더 큰 상실감에 시달린다. 요즘은 의학의 발달로 항암치료를 받으면서도 직장생활을 하는 사람들이 많으니 특히 더하다.

이 세 가지 이유만으로도 가발사업은 당위성이 충분했다. 그리고 이들에게 내가 어떤 만족감을 제공할 수 있을지에 집중했다. 나라는 사람이 조금 더 노력함으로써 이들의 인생까지도 바뀐다면 어떨까 하는 큰 그림을 그리고 사업을 시작한 것이다. 내생각은 적중했다. 지금 현재 내 고객의 비율은 아름다움을 원하는 분이 40퍼센트, 탈모로 고민하는 분이 30퍼센트, 항암치료 중이신 분이 30퍼센트다.

가발을 착용한 모습이 예쁘고 멋지다면 가발이라는 표시가 나더라도 문제가 되지 않는다. 하지만 예쁘지도 않으면서 가발 표시가 난다면 문제는 심각해진다. 지금 우리 매장을 찾는 고객님들 중 대부분은 가발을 착용했을 때의 편리함과 '가발이 내 얼굴을 돋보여주기 때문에' 오시는 분들이다. 그렇지 않았다면 내가 처음 창업했을 때부터 인연을 맺은 고객님들과는 이미 헤어졌을 것이다. 10년이 지난 지금, 그분들은 가족이나 다름이 없다. 한결같이 나를 응원해주시며, 때로는 나에게 전적으로 의지하시는 분도 있다. 그런 분들께 보답하기 위한 나의 노력은 끊임없이 진행형이다.

나는 가발을 손질할 때 이 제품을 사용하실 고객님의 얼굴을 최대한 떠올리며 집중한다. 어떤 일을 하든 최선을 다했다면 결과물은 항상 기대를 저버리지 않았다. 나의 집중도와 고객의 만족도는 항상 비례하기 때문이다.

아름다움을 위해 가발을 착용하시는 고객님에게는 최대한 멋스럽고 세련되게 연출해드려야 한다. 탈모로 고민하시는 고객님에게는 표시가 나지 않게 해서 자신감을 상승시켜드려야 한다. 그리고 항암치료를 받고 계시는 고객님에게는 가발 덕분에 심리적 안정감을 가짐으로써 치료를 편안하게 받을 수 있도록 나이팅게일의 마음까지 더해야 한다.

작은 사업을 하더라도 사업주의 세심한 관리가 필요하다. 어차피 시작했다면 그 분야에 최대한 능통해야 한다. 물론 직원들에게 업무 분담을 하는 것도 중요하지만, 일단 사업주가 제대로 알아야 하고, 직업 정신도 투철하게 갖춰야 한다. 그래야만 직원들도 사업주를 따른다.

가발을 내 머리처럼 보이게 하는 건 사실 쉽지는 않다. 물론 풍성함 자체만으로도 만족스러워하는 분들도 있다. 하지만 가발을 착용하시는 고객님들 중 대부분이 가발처럼 보이지 않기를 원한다. 원래 내 머리보다 훨씬 더 예쁘고 멋스럽기를 바란다. 그런 분들의 기대를 만족시켜야 하기에 개인별 맞춤 스타일과 각자의 두상에 대해서도 끊임없이 연구한다. 모든 사업이 그렇겠지만, 다른 매장에는 없는 특별한 경쟁력을 갖춰야 고객님들이 내 매장을 선택하니까.

무엇보다도 사업은 누구나 할 수 있으나 성공은 아무나 할 수 없다는 것을 나는 너무나 잘 알고 있다. 그래서 다음과 같은 조언을 드리는 바이다.

① 사업에서 성공하려면 일단 큰 목표를 세우고, 그 목표에 맞는 스텝을 차근차근 밟아나가야 한다. 미국 심리학자 버러스 스키너 박사의 스몰 스텝Small Step 원리처럼 한 단계씩 올라가면서 작은 것에서부터 성과를 내야 한다.

② '내가 생각하는 사업'은 고객에게 이로움을 주어야 성공할 수 있다. 그런데 창업하는 사람들은 대개 이러한 원리와 원칙을 무시한다. 너무 조급해하기 때문이다. 하지만 내 사업이 돈벌이

수단이 되게 하려면 반드시 희생이 따라야 한다. 내 사업장에 찾아오는 고객님들을 이롭게 해야 비로소 원하는 수익이 창출된다는 것을 잊지 말아야 할 것이다.

③ 집중하면서 최선을 다해야 한다. 그야말로 하늘이 감동할 정도로 최선을 다한다면 반드시 성공할 것이다. 특히 잘되는 가게에는 반드시 이유가 있음을 명심해야 한다. 그 이유를 수시로 확인하고 벤치마킹하여 반드시 내 것으로 만들어야 한다.

2

사업을 시작할 때에는 경쟁의 정도와
독점의 가능성을 생각하라

지금껏 경기가 호황이라고 말하는 사람을 본 적이 없었던 것 같다. 언제나 "단군 이래 최대의 불황!"이라고 아우성이다. 하지만 잘나가는 곳은 어디든지 있기 마련이다. 치킨집이 골목마다 진을 치고, 삼겹살집이 그렇게 많아도 잘되는 곳은 잘된다.

그럼 잘되는 매장과 안되는 매장의 차이는 무엇일까?

똑같은 삼겹살집을 차려도 남들보다 독특하게 운영한다면 그것이 바로 '독점'이다. 남들이 다 하는 업종을 하면서도 경쟁 우위에 서고 싶다면 남들이 하지 않는 방식으로 운영해야 한다. 쉽진 않겠지만 그로 인해 입소문이 나면 그 매장은 독보적이라고 할 수 있다. 즉, 남들이 하지 않는 사업 아이템을 찾기보다는 "어떻게 하면 남들과 차별화되게 사업할 수 있을까?"를 연구해야 한다. 그것이 바로 경쟁력을 갖추는 방법이다. 그걸 내가 할 수 있다는 확신이 들 때 창업에 뛰어들어야 한다.

나 역시 남들과는 차별화된 방법과 서비스를 제공하고 있다.
나는 창업하던 때부터 우리 매장에서 구매한 가발은 버릴 때까지 A/S와 세척을 비롯한 모든 관리를 무료로 받을 수 있도록 운영하기로 했다.

대부분의 타 업체 가발은 구매 후 관리 비용이 만만치 않다고 한다. 가발을 착용하시는 분들은 한 달에 적어도 두세 번은 매장을 방문하여 세척 등 스타일 관리를 받아야 하기 때문이다. 그래서 나도 처음에는 무료 관리 시스템을 운영하는 걸 조금 망설였다. 주변의 반응도 마찬가지였다. 가발은 매달 바꿔 써야 하는 소모품이 아닌데 모든 관리를 무료로 해준다면 매장 유지비조차 못 벌 것이라고 했다.

하지만 나는 미용사들도 하기 어려워하는 가발 손질을 일반인인 고객님들에게 맡길 수가 없었다. 그렇다고 방문할 때마다 비용이 발생한다면 고객님들은 머리 모양이 이상해도 매장을 편하게 찾아오시지 못할 것 같았다. 그로 인해 생기는 스트레스 또한 클 것이므로 나는 과감하게 무료 관리를 하기로 결정했다.

가발을 구매하시는 분들의 심정은 대부분 절박하다. 그래서 비싼 금액을 지불하고 맞추거나 구매하기 마련이다. 그렇게 구매한 제품을 손질이 어려워 몇 번 쓰고 처박아두어야 한다면 무슨 의미가 있겠는가.

나는 내 손길이 들어간 제품을 끝까지 책임지고 싶다. 그렇게 하다 보니 고객님들은 고마움과 미안함을 동시에 가지게 되면서 다른 고객님들을 소개해주기 시작했고, 그런 경우는 점점 늘어났다. 지금껏 매장을 운영해온 결과 세척 비용과 스타일링 비용을 받았을 경우보다 입소문과 소개로 판매해서 받은 금액이 몇 배 더 큰 것 같다. 내가 생각했던 차별화된 방법인 무료 관리 시스템이 오히려 매출에 큰 도움을 준 것이다.

나는 창업한 이후로 날마다 행복하다. 내가 손질한 나만의 브랜드 '이민아 가발'을 착용하시는 많은 고객님들이 멋지게 변화되시는 걸 보면서 매일같이 설렌다. 전업주부였던 나에게 의지하거나 내 손길이 필요한 사람들을 보노라면 가끔 꿈을 꾸고 있는 건가 싶다.

요즘은 특히 부분가발이 대세이다 보니 곳곳에 가발매장들이 생겨나고 있다. 그들이 나를 벤치마킹하고 있다는 소문도 있다. 유명한 가발업체에서 근무했던 분들도 나에게서 가발 손질법을 배우고 싶어 한다. 나는 내 머리 같은 가발 손질법 연구에 잠자는 시간을 제외한 모든 시간을 투자한다.

창업 7년 차인 지금도 나는 잠자는 시간 외에는 거의 늘 가발을 착용하고 있다. 또한 매일 가발을 바꿔서 착용한다. 부분가발부터 전체가발까지 착용하면서 최고로 세련된 모습으로 고객님들을 만나려고 노력한다. 어떤 고객님들은 내 머리에 있는 가발을 벗겨가실 정도다.

이런 일상이 반복되는 내 사업장에서 가발로 꿈을 디자인하는데 어찌 행복하지 않겠는가.

식당에서 밥을 먹을 때 밑반찬을 더 요구하면 심하게 인색한 곳들이 있다. 그런 식당에서는 밥을 먹는 내내 이런 생각이 든다.

'과연 이곳은 장사를 오랫동안 하려는 걸까? 아니면 몇 개월만 하다가 때려치울 작정인가?'

사람들이 다시 방문하는 식당은 같은 값이면 '인심 좋은 곳'이다. 장사를 모르는 사람들은 뭐가 남겠냐고 걱정하지만, 사실은 그렇지 않다. '퍼주기식 전략'을 택한 결과 입소문이 많이 나서 성공한 사례들은 흔하다. 이는 결국 고객과 나에게 모두 이익을 가져다주는 원-원win-win 비즈니스이기 때문이다.

당장 눈앞의 이익에만 급급하다면 절대 성공할 수 없다. 사업 실패의 원인 중 하나는 객관적인 눈으로 내 사업장을 보려 하지 않는 것이다. 그러니 마치 역할극이라도 하듯이 완전히 제3자의 시선으로 내 사업장을 바라보고 점검·개선해야 할 것이다.

일단 남들과는 다른 서비스를 제공하기 위해선 '고객님들이 감동하게 하려면 어떻게 해야 할까?'를 먼저 생각해야 한다. 그냥 "거기 괜찮던데" 정도라면 이미 동종업계와의 경쟁에서 진 것이다. 말 그대로 '고객 감동'이 있어야 한다. 고객이 내 사업장에 돈을 지불하면서도 오히려 내게 고마워할 정도로 고객을 감동시킬 자신이 없다면 창업 계획을 접어야 한다.

"부와 성공을 잡고 싶다면 반드시 상인이 돼라"라는 말이 있다. 단, 직장 다닐 때보다 노력을 10배 더 할 자신이 있어야 한다. 윗사람에게 간섭받지 않고 사장 소리 듣고 싶어서 창업하겠다고 결심하면 결국 다시 이력서를 준비하게 될 것이다.

나는 백화점에서 직원으로 있을 때도 매장을 내 사업체라 생각하고 최선을 다했다. 그렇지만 창업을 해서 실제로 내 사업체를 꾸리다 보니 회사 소속으로 일했을 때보다 10배 이상 노력하는 나 자신을 발견했다. 그렇게 하지 않으면 살아남을 수가 없다는 걸 너무 잘 알기 때문이다.

대충해서 그냥 끼니만 이어나가려고 창업하는 사람은 거의 없을 것이다. 그런데 커다란 꿈을 안고 창업하면서도, 그 커다란 꿈만큼의 노력을 하지 않는 사람들이 많은 것 같다. 여기서 말하는 '노력'은 막연히 '열심히 하기'를 말하는 게 아니다. 시대와

흐름에 맞는 노력, 즉 현명한 노력을 해야 한다는 뜻이다.

칼국수집을 차린 친구가 있었다. 준비기간을 1년 정도로 잡고, 전국 각지를 다니며 '맛집'으로 소문난 칼국수집은 거의 다 돌아다녔다고 했다. 면도 직접 밀고, 육수도 전국에서 가장 맛있게 만들 수 있다고 자신했다. 정말 내가 먹어봐도 맛이 있었다. 친구 역시 맛으로 승부를 걸겠다며 야심차게 오픈했다.

처음에는 지인들이 많이 와서인지 그럭저럭 잘되는 것 같았는데, 두어 달 지나니 갈 때마다 손님이 없었다. 칼국수를 먹어보면 정말 맛이 있었는데 말이다. 이 친구의 문제는 무엇이었을까? 이 친구는 가장 중요한 걸 가장 등한시한 것이다.

요즘은 자기에게 필요한 매장을 찾을 때 스마트폰을 사용한다. 즉, 네이버 같은 포털사이트에서 검색하면 주소와 상호가 바로 나와야 한다. 그래서 개업할 때에는 네이버 본사에 연락해 주소와 상호를 등록해야 한다. 식당 내부나 메뉴를 한눈에 볼 수 있도록 블로그도 운영해야 한다. 그 친구는 이러한 시류를 따르는 마케팅에 무관심했던 것이다.

이렇듯 내 상황과 조건은 물론 시류까지 냉정하게 분석하고 정확히 진단해야 한다. 특히 블로그, 네이버 지식iN, 페이스북, 카카오톡, 인스타그램 등 시류를 따르는 마케팅 기법을 반드시 챙겨야 한다.

가장 중요한 것은 내 사업장과 타 사업장의 고객 서비스의 정도를, 내 서비스가 독점 가능한지를 수시로 점검하는 것이다.

3

사업은 고객의 재구매가 핵심, 무조건 단골로 만들어라

일찍 결혼해서 47살에 자녀 상견례를 하신다며 부분가발을 구매하신 고객이 있었다. 몇 달 후 아들 결혼식을 치렀고, 또 몇 달 후 손자를 가졌다고 너무 기뻐하셨다. 지금은 그 손자의 손을 잡고 매장에 들어오신다. 이렇게 고객님들의 삶과 함께 내 삶도 유유히 흘러가고 있다.

10년 전에 처음 뵌 분들과 변함없는 인연을 유지하는 덕분에 내 사업장은 나날이 번창하고 있다,

이렇듯 단골을 만들면 반드시 성공한다는 사실을 모르는 사람은 없다. 단골을 만들려면 서비스가 좋아야 하고, 모든 서비스

의 근간은 '친절'과 '진정성'이라는 것도 알아야 한다. 그런데 친절이 진정으로 마음에서 우러나오는 사람과 그렇지 않은 사람이 있다. 그 차이가 단골을 만드느냐 아니냐의 열쇠다. 그럼 마음에서 진정으로 우러나오는 친절은 어떤 것일까?

적지 않은 사람들은 '내가 열심히 노력하고 헌신하면 사업에서 성공할 수 있어!'라고 생각한다. 하지만 나를 성공하게 해준 바탕은 바로 고객님들이다. 고객님들로 인해서 내가 이 자리까지 와있고, 내 가족이 풍요롭게 살고 있다는 사실을 깊이 인식해야 한다. 그러면 내 입과 몸이 저절로 친절하게 말하고 행동하게 된다.

'사업장 내부의 고객님들'이라 불리는 직원들에 대해서도 마찬가지다. 그들이 일할 수 있는 사업장은 내가 제공했을지라도, 결국 고객님들의 지갑을 여는 이들은 바로 그들이라는 사실을 잊지 말아야 한다.

내가 가발사업을 시작한 지 벌써 10년째다. 내가 처음 백화점에 배치된 뒤 본점 매장으로 교육을 갔을 때였다. "전 이런 일 한 번도 안 해봤는데 잘할 수 있을까요?"라는 내 질문에 그 매장 매니저님께서 이런 말씀을 하셨다.

"어렵게 생각하지 마세요. 매장에 오시는 고객님들을 대할 때 그냥 내 언니나 이모나 엄마라고 생각하면 됩니다. 그러면 잘될 거예요."

나는 아직도 이 말을 가슴 깊이 간직하고 있다. 고객님들을 '내 가족'이라고 생각하면 편할 것이고, 그러면 진심으로 대할 것이며, 또 정말로 고객님들에게 이익이 될 만한 것들을 권하지 않겠는가. 그러고 보면 그때 잠깐 만난 선배 매니저의 말이 나를 여기까지 오게 한 것 같다.

지적 능력을 요구하는 머리 대신 '감성'으로 상대방을 대하면 어떤 관계든 오랫동안 유지된다. 그래서 감성지수가 높은 사람이 성공한다고 하지 않는가. 반면에 고객을 돈으로만 보고서 당장 판매만 하려고 든다면 하루 벌어 하루 살아가는 뜨내기 장사꾼 신세를 벗어나지 못할 것이다. 내가 머리를 쓰면 고객도 머리를 쓸 것이기 때문이다.

사업 성공이라는 큰 목표를 가졌는가? 그렇다면 고객이 만족하고 행복해지도록 노력해야 한다. 그래서 나는 백화점에서 판매원으로 일할 때부터 고객에게 제품을 판매한 후에는 항상 장문의 문자를 내 휴대폰으로 직접 보냈다. 회사 대표를 대신해 진심으로 감사드린다는 마음을 전달한 것이다.

컴퓨터로 보내는 단체 문자메시지나 자동으로 보내지는 감사 문자메시지는 받는 이에게 별 감흥을 주지 못한다. 그리고 보내는 측에서도 전혀 책임감을 느끼지 않는다. 그런데 가발은 한 올

한 올 직접 손으로 심는 핸드메이드 제품이기에 가격이 꽤 높다. 그러니 본인의 콤플렉스나 편의를 위해 큰맘 먹고 적지 않은 비용을 투자하신 분들에게 '감동'을 서비스해야 하지 않겠는가.

제품을 구매할 때 고객님들은 이런 생각을 하기 마련이다.

'내가 이 제품을 선택한 게 정말 잘한 건가?'

그래서 홈쇼핑 진행자들은 시청자들의 구매가 이루어지기도 전에 "정말 잘 선택하셨습니다", "좋은 제품을 구매하신 걸 축하드립니다"라는 말을 아끼지 않고 연발한다. 그런 말을 들은 고객은 마음이 편해지면서 자신이 구매한 제품을 편하게 잘 사용한다. 이렇듯 고객을 안심시키고 끝까지 책임져줄 것을 문자로나마 약속하니, 구매 후에도 관리를 받는다는 기분이 들 것이다.

나 역시 나만의 언어가 담긴 문자메시지로 믿음을 확인시켜줌으로써 고객님들의 대부분을 내 편으로 만들었다. 이런 일은 조금만 신경 쓰면 가능한 일이다.

이렇듯 사소한 것으로도 재구매나 소개가 꾸준히 나오는 단골을 만들 수 있다.

고객을 단골이나 내 편으로 만들려면 '개성' 또한 확실해야 한다. 고객에게 전달되지 않은 개성은 자기만족일 뿐이다. 내 것이 최고라고 떠들어봤자 끝까지 책임이 따르지 않는 최고는 최고가 아니다. 이제는 고객을 평균적으로 무난하게만 만족시킨다면 결국 외면당한다. 고객은 특색과 독창성을 갖춘 곳만을 선호하기 때문이다.

특색과 독창성을 갖추려면 끊임없이 노력해야 한다. 핵심은 고객과의 소통을 중시함으로써 고객의 고충이나 불만을 제대로 파악하는 것이다. 고객의 입장에 서서 고객의 눈높이와 내 눈높이를 일치시켰을 때 지속적인 관계를 이룰 수 있다.

나는 10년간 가발업에 종사하면서 나 자신에게도 직원들에게도 강조하는 것이 있다. 우리의 비즈니스는 '팔고 나서부터 진짜 시작'이라는 것이다.

한 번이라도 우리 물건을 구매한 고객을 '우수고객'으로 남게 하는 것이 중요하다. 사람들에게 우리 물건을 많이 판매하는 것도 중요하지만, 우수고객에게 반복해서 판매하는 것은 더욱 중요하다. 그러므로 고객과의 유대를 강화하고, 우수고객이나 단골이 떠나는 경우를 줄이는 것이 사업의 핵심이다.

고정적인 단골의 비율이 높은 사업체일수록 실적은 우수하다. 장사나 사업은 사람을 남겨야 성공하기 때문이다. 그러려면 고객에게도 나와의 관계 지속이 여러 가지 측면에서 도움이 될 수 있도록 해야 한다. 이를 위한 비결은 다음과 같다.

① 고객이 내 매장을 방문했을 때의 첫 느낌이 좋아야 한다. 첫사랑의 추억을 떠올려보자. 처음 만났을 때 '바로 이 느낌이

야!'라는 생각이 들지 않았던 사람에게 콩깍지가 씌워지는 경우는 없다. 호감 가는 이미지는 첫 방문 때 좌우된다.

② 관계가 중요하다. 고객을 '내 가족'이라고 생각하고서 돕겠다는 마음으로 비즈니스를 전개해나간다면 반드시 승산이 있다.

③ '감성 서비스'를 잊어서는 안 된다. 이성보다는 감성으로 대했을 때 신뢰와 사랑이 싹튼다. 신뢰와 사랑은 그 어떤 것보다 많은 것을 이룰 수 있다.

나는 사업을 하면서 많은 것을 얻었다. 고객님들과의 소통 과정에서 내 가정에 접목할 수 있는 지혜를 얻었고, 사회단체나 모임에서의 대인관계를 원활하게 하는 방법까지 배웠다.

내가 산업전선에 뛰어든 가장 큰 이유는 사랑하는 가족과의 행복을 위해서다. 그래서 사업을 키우기 위한 최상의 방법이 무엇인지 고심하고 노력하듯이, 내가 사랑하는 가족들에게도 고객님들에게 하듯 노력해야 한다고 생각한다. 내 가족들도 나의 영원한 단골이니까 말이다.

4

백화점의 죽은 점포를
살려낸 비법

내가 야심차게 사회생활을 시작한 백화점의 매니저로 들어간 자리는 원래 제대로 갖춰진 매장이 아니었다. 엘리베이터 옆 2평 남짓한 코너의 임시매장 같은 곳이었다. 그래서 일부러 찾아보지 않으면 잘 보이지 않는 위치였다. 앞서 언급했듯이 그곳은 매니저가 자주 바뀌었고, 고객님들은 잦은 매니저 교체로 짜증이 나있었다. 백화점 측에서도 별로 관심을 보이지 않았고, 매출 또한 부진했다. 그런 악조건을 다 갖췄던 그곳이 나에게는 도전과 기회의 장이 되었다. 그런 자리였기에 판매 경력도 없던 나에게도 기회가 왔던 게 아니겠는가.

사실 대형 백화점의 매장 매니저가 되려면 막내인 판매사원부터 시작해야 한다. 그렇게 해서 오랫동안 경력을 쌓아야만 매장을 맡을 수 있는 매니저가 된다. 그런데 판매경력이 전혀 없던 내가 매니저 자리를 맡게 되었으니 그야말로 기회가 온 거 아닌가. 그 자리가 다른 매니저들이 이미 큰 실적을 내어 백화점의 이목을 끌었던 곳이라면 나에게 기회는 오지 않았을 것이다. 아마 지금의 나도 없었을 것이다. 남들에게는 몇 번에 걸친 매니저 교체로 인해 '가면 망하는 자리'로 남았던 매장이었기에 나에게 돌아왔고 다이아몬드 광산이 된 셈이다.

나라고 해서 처음부터 온통 자신감으로 똘똘 뭉쳤던 건 아니다. 불안함과 두려움 역시 없진 않았다. 그런 걸 감추려고 끊임없이 창의적인 아이디어들을 제시하면서 자신감을 표출하려고 노력했다. 물론 타 지점 매니저들은 "자기가 사회경험이 없어서 그래. 거기 힘든 자리야!" 하면서 걱정 어린 조언을 해주기도 했다. 그럴 때마다 다음과 같은 생각을 하면서 다시금 마음을 다잡곤 했다.

'이미 잘되는 곳을 더 잘되게 하는 것이 훨씬 더 어렵지 않겠어? 이곳을 기회라고 생각하자. 운명도 바꾸는데, 죽은 점포 살리는 게 그렇게 힘들겠냐고!'

잘 안 돼 오랫동안 비어있던 점포는 비교적 저렴한 부동산 매물이거나 임대조건이 좋은 자리다. 그런 곳을 잘만 활용한다면 다이아몬드 광산이 되기도 한다. 나는 매번 처음을 그렇게 시작했다. 백화점에서도 그랬고, 창업 당시에도 마찬가지였다. 자금 부족으로 사람들이 많이 다니지 않는 외진 곳을 선택할 수밖에 없었기 때문이기도 했지만….

자금이 부족하고 모든 조건이 완벽하지 않다면 남들이 등한시하는 곳에 자리를 잡고 개척해나가야 한다. 그리고 남들보다 몇 배의 땀과 노력을 기울여 일궈내면 된다. 할 수 있다는 자신감만 있다면 마른 땅에 단비를 내리게 할 수도 있으니까.

요즘 출퇴근을 하다 보면 점포들이 생긴 지 1년도 채 안 되어 간판이 바뀐 걸 보게 된다. 얼마 전까지 분명 고깃집이었는데 제과점으로 변해있는 식이다. 그런 경우가 요즘에는 부쩍 자주 보인다. '매장 인테리어 기술을 배웠더라면 이럴 때 돈 좀 만졌겠구나' 같은 생각마저 들 정도다.

설레는 마음으로 창업한 사람들이 오픈한 지 얼마 되지 않아 폐업하게 될 때의 속은 오죽하겠는가. 시설비며 창업 준비 자금을 고스란히 까먹는 것이니 말이다. 나도 창업을 해서 장사를 하고 있기에 남의 일 같지 않아 안타깝다. 하지만 '그들은 과연 최선을 다했을까?'라는 생각도 해보게 된다.

아이러니하게도 장사가 잘 안되거나 부진한 가게들은 대개 전 주인과 똑같은 방법으로 장사하는 편이다. 어차피 죽은 점포였기에 별 기대를 하지 않고 시작한 건 아닌가 싶을 정도다.

하지만 이왕 창업한다면 "이곳은 안되는 곳이잖아!" 같은 고정관념을 버려야 한다. 이왕 돈을 벌어야 하고 내 삶을 변화시키기 위해 창업을 했다면 더더욱 그렇다.

저렴한 임대물이라는 점 등의 좋은 조건을 '나에게 기회가 찾아왔다!'라고 여기자. 남들과 똑같은 방법으로 하면서 잘되기를 바란다는 것은 도둑놈 심보 아닌가.

운명도 마찬가지다. 운명은 태어날 때부터 고정된 게 아니라 각자의 마음가짐에 따라 바뀔 수 있다. 그 사람의 마음상태가 바로 그 사람의 운명이기 때문이다.

사람이 살아가는 원리는 주변 사물들을 평소에 어떻게 보거나 듣고 느끼고 인식하는가에 따라 달라진다. 즉, 그 사람의 느낌과 생각이 말과 행동으로 이어지고 반복되면서 그 사람의 현실이 되는 것이다. 똑같은 사물에 대해서도 그 사람의 마음상태에 따라서 느낌과 생각이 달라지듯이 말이다.

몇 년 전 러셀 H. 콘웰 목사님의 책《다이아몬드의 정원》을 인용한 동영상 강의를 시청했다. 나는 곧바로《다이아몬드의 정원》을 중고서점에서 구매해 읽었고, 다이아몬드 같은 소중한 교훈을 잔뜩 얻었다. 무한한 성공의 가능성은 내 안에 존재한다는 사실을 깨닫게 해준 책이다.《다이아몬드의 정원》에는 영국과 러시아의 왕관들을 빛낸 큼직한 다이아몬드들이 나온 인도의 골콘다 다이아몬드 광산 이야기가 소개되어있다.

"아주 먼 옛날 큰 부자가 있었다. 그는 과수원과 논밭과 정원을 갖추고 강물도 흐르며 주변 경관도 멋진 큰 저택을 소유했다. 부유했기에 행복했고, 행복했기에 마음까지 부유했다. 그런 그에게 어느 날 '동방의 현자'라고 알려진 승려가 찾아왔다.

이 승려는 천지창조의 얘기를 자세하게 들려주면서 다이아몬드가 만들어진 배경을 설명해주었다. 그리고 다이아몬드 광산을 가지면 엄청난 재력을 확보하여 나라를 세울 수도 있고, 자식을 왕위에 오르게 할 수도 있다고 말했다.

부자는 이 얘기를 다 듣고 나서 갑자기 자신이 가난하다고 생각했다. 그래서 그날부터 잠을 못 이루었다. 급기야 부자는 자신의 농장을 팔고 가진 돈을 긁어모은 뒤, 가족을 이웃에게 맡기고 다이아몬드를 찾아 길을 떠났다. 전 세계 곳곳을 돌아다니던 그는 빈털터리가 된 채 결국 비참한 죽음을 맞이했다.

물론 그 농장에는 새로운 주인이 들어왔다. 새 주인은 낙타에게 물을 먹이기 위해 정원의 개울가로 갔다. 낙타가 정원을 흐르는 좁다란 개울에 코를 박고 물을 마시는 걸 보고 있던 새 주인은 개울 바닥에서 신비롭게 반짝이는 돌을 발견했다. 인류 역사상 가장 거대한 다이아몬드 광산이 발견된 순간이었다.

참 어처구니없지 않은가. 자기 정원 안에 다이아몬드 광산이 있었는데, 그걸 발견하지 못한 채 다른 곳만 실컷 떠돌다 그 많던 재산을 다 날리고 죽었으니 말이다.

우리도 역시 저 부자처럼 내 안에 이미 가지고 있는 것을 보지 못하고 엉뚱한 곳을 헤매고 있지는 않은지 돌아봐야 한다. 어쩌면 모든 보물은 내 안에, 지금 이 자리에 있을 것이다. 저 부자의 정원에 있던 다이아몬드 광산처럼 말이다.

지금 모든 업종의 경기가 전반적으로 좋지 않다고 한다. 그래서 혹시 당신은 실의에 빠져있는가? 다들 경기가 안 좋다고 하니까 당신도 덩달아 신세 한탄만 하고 있지 않은가? 하지만 이런 때일수록 지금 처한 상황에서 돌파구를 찾아야 한다!

경기가 좋지 않고 내 사업장 위치도 좋지 않다고 해서 내 꿈까지 접어서는 안 된다. 힘든 상황이 내 앞을 가로막고 있을 때일수록 이미 성공한 사람들이 쓴 책을 읽어보고, 그들 역시 힘들고 어려웠을 때 어떻게 헤쳐나갔는지 공부해보자.

'켈리 델리'는 프랑스에서 연 매출 5,000억 원의 고속 성장을 이룬 글로벌 기업이다. 켈리 델리의 창업자 켈리 최는 후배가 찾아왔는데도 커피 한 잔 살 돈이 없던 시절이 불과 7년 전이었다고 했다.

40대 초반의 나이에 무려 10억 원이라는 빚을 진 그녀는, 2년의 준비기간을 가지면서 100권의 책을 읽었다고 했다. 그녀의 책《파리에서 도시락을 파는 여자》에는 바로 그 100권의 책의 제목이 소개되어있다. 그 목록을 보면 켈리 최가 사업 실패 후 얼마나 철저하게 준비하면서 다시 일어서려 했는지 알 수 있다.

이렇듯 꿈을 이루려면 어떻게 변화해야 할지에 대해 깊이 생각해야 한다. 그리고 또다시 위기가 닥치면 어떻게 대처해야 할지도 깊이 고민해야 한다.

환경 탓, 자리 탓은 그만! 지금 이 자리에서 반드시 돌파구를 찾자!

5

나는 긍정으로 준비했고, 쇼 비즈니스로 고객을 설득했다

우리 매장을 찾으시는 분들의 대부분은 "신세계를 알았다!"라고 하신다. 자신들이 생각했던 가발의 이미지와는 전혀 다르다고 감탄하신 것이다.

"고객님, 저는 이렇게 2초면 머리 손질을 끝냅니다. 이제 머리 만지는 것에 시간을 낭비하지 마세요."

나는 제품을 착용하기 전과 착용 후의 180도 변하는 모습을 직접 보여주는 퍼포먼스로 고객님들의 마음을 사로잡는다. 그렇게 고객님들이 놀라고 신기해하는 모습을 보면서 더욱 신바람 나게 일한다.

확신하건대 나는 이 사업을 하지 않았더라도 부분가발은 꼭 사용했을 것 같다. 머리숱이 많든 적든 생활에 정말 편리함을 주는 아이템 중 최고라고 생각하기 때문이다. 이렇듯 내가 가발의 매력에 푹 빠져있어서인지 가발사업을 즐기며 날개를 달고 활기차게 일하고 있는지도 모르겠다.

    궁여지책 끝에 선택한 직업이라도 긍정적으로 열심히 하다 보면 가슴 뛰는 일이 되기도 한다. 자기 일을 즐기면서 성공한 이들 중 어렸을 때부터 그 일에 관한 꿈이 있었고 좋아했기에 지금 하는 일을 잘하는 사람은 그다지 많지 않을 것이다. 이 사회가 자기가 좋아하는 일만을 즐기면서 성공하기에는 그렇게 여유롭지 않다. 먹고살기 위해 할 수 없이 일하는 사람들이 훨씬 많다. 나 역시 미용 쪽으로는 어렸을 때부터 단 한 번도 생각해본 적이 없었다. 특히 가발은 전혀 문외한이었고, 사업을 하게 될 거라는 상상은 해본 적도 없다.

    '여건이 안 좋으니 이거라도 해보자!'라며 무리하게 시작하면 오히려 역효과만 난다. 영업직을 선택했을 당시 내가 그랬다. 성공하고 싶다는 일념 하나로 아이들이 어리고 온 가족이 반대해도 무리하게 보험영업을 하다가 쓴맛을 톡톡히 봤다. 물론 실패의 경험으로 깨달은 것도 많았지만, 어쨌든 너무 무리하게 뭔가를 하다 보면 부작용은 반드시 따른다.

    사람에게는 뭐든 때가 있는 것 같다. 물론 그 시기를 막연히 기다리기만 해야 한다는 것은 아니다. 현재 처한 상황에서 진지하고 진솔하게 살아야 한다는 말이다. 이왕이면 마음가짐을 철저히 긍정적으로 유지하면서 말이다. 그런 마음가짐으로 자기계발에 힘쓰면서 자신의 내면을 자세히 들여다봐야 한다. 그랬을 때 인간이 할 수 없는 영역으로 인도해주시는 어떤 존재가 보일 것이다. 이 역시 내가 체험한 것이기에 자신 있게 말할 수 있다.

사회에 나와서 돈을 벌고 꿈을 성취한다는 것은, 결국 내가 아닌 남이 원하는 것을 해줌으로써 남의 지갑에 있는 돈을 내 손으로 이동시키는 것이다. 그래서 아직 나에게 딱 맞는 일을 찾지 못한 이들에게 조언해주고 싶다.

미리 준비하라. 사회에 나오면 생판 모르는 사람들에게 최선을 다해야 내 목적과 목표를 달성할 수 있다. 그런 자세를 주위 사람들을 상대로 연습하는 등 충분히 준비하면서 때를 기다리는 것이 좋다. 나는 전업주부로 지내다 준비 없이 사회에 나와 많은 시행착오를 겪었다. 나를 너무 힘들게 하는 사람들 때문이었다. 그들로 인해 상처받고 고뇌에 빠지면서도 최선을 다해 '그렇지 않은 척'했다. 그런 과정에서 "내가 사랑하는 가족들에게는 이만큼의 노력을 했었던가?" 다시 한 번 생각했다.

나는 사업을 하면서 고객님들에게 과한 친절을 베푸는 나 자신을 보며 "과연 이만큼 내 남편이나 아이들에게도 노력했던가!" 하는 죄책감이 들었다.

나름대로 가족들에게도 잘하고 있다고 생각하고 있었으나, 고객님들에게 하는 것만큼은 아니었다. 그런 내 모습을 본 후로는 가족들과의 관계가 더 좋아지긴 했다. 혹여나 준비 단계에 있는 사람들이라면 나처럼 뒤늦게 알아차리지 않기를 바란다.

우선 가족을 사회라는 냉정한 환경에서 만나야 할 고객이라 생각하고 최선을 다해보라. 그렇다면 사회에 나올 수 있는 역량을 쌓고 준비하는 데 큰 도움이 될 것이다.

흔히들 가족에게는 잘 안된다고 한다. 하지만 잘 생각해보라. 세상에서 가장 소중한 건 결국 가족들이 아닌가. 그러니 가족들에게 잘하라. 가정에서는 아이들에게서 '좋은 엄마'라는 평을 쉽게 들을 수 있다. 하지만 배우자에게서는 쉽게 듣지 못한다. 만약 '우리 아내(남편)는 정말 좋은 사람이야'라는 말을 들을 수 있다면 사회에 나와서 반드시 성공할 수 있을 것이다. 그만큼 배우자에게 관대하기가 진상 고객을 대하는 것만큼이나 힘들다는 얘기이기도 하다. 부디 안된다고 하지 말고 노력해보자.

나는 자녀가 넷이다. 큰애는 대학을 졸업하고 취업을 했지만, 밑으로 셋은 아직 중고생이다. 아이들이 가끔 엄마인 나에게 "엄마, 나는 커서 뭘 할까?" 하고 진지하게 묻는다. 벌써 걱정스러운가 보다. 그럴 때 미안하지만 나 역시 마땅히 해줄 말이 없다. 내가 어렸을 때부터 꿈꿔왔던 것들이 구체적이지 않았기 때문이다. 다만 그때그때 최선을 다했을 뿐이었다.

그래서 아이들에게도 "지금 상황에서 최선을 다하다 보면 어느 순간 거짓말처럼 나에게 꼭 맞는 일을 접하게 된단다"라고 말해줄 수밖에 없다. 그러다 보면 마치 운명처럼 내 잠재력을 충분히 발휘할 수 있는 일을 찾게 될 것이라면서 말이다.

믿어야 한다. 삶을 투명하게 바라보고 진정성으로 대하며 긍정적인 자세를 유지하자. 그리고 최선을 다하는 삶을 살아간다면 하나님은 반드시 내 편이 되어주실 것이다. 그때부터 꿈과 비전과 목표를 확실하게 세워도 늦지 않다.

그야말로 흙수저였던 나도 당당하고 자신감 있는 말투로 쇼 비즈니스를 펼치며 고객님들을 사로잡고 있다. 마흔의 나이에 사회에 나오고 적응하면서 내 삶을 누구보다도 멋지게 펼쳐가고 있다. 아직 큰돈을 벌지도 않았으며, 대단히 큰 회사를 운영하고 있지도 않지만 사회에 나온 지 10년 된 지금도 나의 꿈에 대한 열망은 식지 않고 있다.

꿈이 있기에 가발을 벗어 보여주는 것쯤은 전혀 창피하지 않다. 사실, 고객님들 중 일부는 자신들의 치부를 드러내는 심정으로 나에게 어렵게 오신 분들이다. 특히 탈모가 심하거나 항암치료를 받으시는 분들은 더욱 그럴 것이다. 그분들 앞에서 망가진 내 모습을 보여주며 비포/에프터 before/after를 감상하게 하는 것 따위에 대해 1퍼센트의 고민도 하지 않는다. 오히려 고객님들이 놀라워하며 신기하다는 표정을 짓고서 쳐다보는 것을 즐긴다고 하는 편이 맞겠다. 그래서 나는 매일 쇼 비즈니스를 하는 사람이라고 당당하게 말한다.

부분가발을 이용하는 분들이 많이 늘어나면서 가발매장도 기하급수적으로 늘고 있다. 우리 매장이 있는 건물에만도 대여섯 개는 생겼다. 하지만 내 매장이 매출에 전혀 지장을 받지 않는 이유는, 내가 특별한 방법으로 운영하기 때문이다.

나는 가발이 아니라 쇼를 보여주며 헤어스타일과 스토리를 팔고 있다. 하지만 타 가발매장의 사장님들은 대개 가발을 착용하지 않은 채 영업하고 있다. 본인이 몸소 느껴보지 못한 제품을 과연 고객님들에게 잘 어필할 수 있을까?

어쨌거나 나는 다른 이들이 생각하지 않았던 특별함을 고객님들께 제공하고 싶다. 많은 사람의 호기심을 발동시키는 것이 흥미롭고, 내 삶의 활력소도 되기 때문이다.

내 소중한 꿈을 이루어나갈 수 있는 발판이 되어준 가발사업이 나는 너무도 고맙다. 앞으로도 끊임없이 새로운 것을 추구하면서 나를 찾으시는 분들에게 특별함을 제공할 것이다. 단 하루도 게을리하지 않을 것이며, 긍정의 기운이 고객님들께도 퍼져 그분들의 삶도 바뀔 수 있도록 노력할 것이다.

6

사업 성공의 주역은
직원들임을 잊지 마라

시간을 계산해보니 내가 가장 소중하게 생각하는 가족보다 더 많은 시간을 같이하는 사람들이 바로 직원들이다. 우리는 최소 7시간 이상 매장이라는 공간에서 함께한다. 밥을 같이 먹고 울고 웃으며 그야말로 가족들과 있을 때보다 더 많이 대화한다.

그렇다. 어느새 그들과는 가족 이상이 되어가고 있었다. 우리는 일의 특성상 손님이 없어도 계속 한 공간에서 헤어스타일을 만들고 서로 물어보면서 제품을 손질한다. 사무를 보는 직업이 아니기에 내가 출장이 없는 이상은 종일 다 같이 붙어있다. 그러다 보니 내 사적인 일은 물론 일거수일투족까지 모두 공개된다. 물론 직원들의 개인적인 일들도 내가 거의 알게 된다. 그래서 이제는 표정만 봐도 서로 사인이라도 정해놓은 양 척하면 척이다.

1인 매장을 운영하는 게 아니라면 이렇게 타인과 관계를 맺으면서 내 사업체를 같이 일궈나가야 한다. 사장과 직원이 아닌 '동반자'라든지 '동업자' 같은 관계가 되도록 해야 한다. 물론 나 혼자 그렇게 하고 싶다고 해서 되는 것은 아니지만 말이다.

나도 창업하기 전에는 백화점에서 직원으로 근무했다. 그래서 직원들 입장을 충분히 잘 안다고 생각하지만, 그렇다고 속속들이 다 헤아릴 수는 없다. 서로의 입장 차가 있기에 때로는 오해하고, 서로를 이해하지 못하는 경우도 더러 있다. 더군다나 피를 나눈 가족들끼리도 서로를 이해하지 못해서 트러블이 생기는데, 전혀 모르던 사람들끼리 만나서 항상 좋을 수만은 없을 것이다.

가정에서도 행복한 생활을 유지하려고 한다면 위기가 닥쳤을 때의 처신이 중요하다. 이는 사회에서도 마찬가지다. 부득이한 이유로 직원이 실수했을 때 어떻게 해야 지혜롭게 질책할 수 있을까 많이 고민하게 된다. 자칫하면 권위의식을 가진 사람처럼 보일 수도 있고, 상대방이 상처를 입을 수도 있기 때문이다.

직원으로 있을 때는 몰랐던 사장의 고민을 내가 직접 사장이 되고서야 알게 되었다. 그래서 내가 직원으로 있었을 때 '회사 측에 종종 무례했었구나' 하는 생각이 매 순간 들었다. 그 당시 사장도 나처럼 마음이 여린 사람이었던 것을 내가 직원이었을 때는 몰랐던 것 같다. 그래서 나는 과거의 나를 반영해보면서 직원들의 마음을 헤아려주려고 노력한다.

우리 매장은 다행스럽게도 직원들의 구성이 조화롭다고 해야 할까, 다양한 연령층으로 이루어져서 서로 이해해줄 수 있는 관계가 형성되어있다. 이런 면에서 보면 나는 참 복이 많은 사람이라는 생각이 든다.

언제나 열정이 넘치고 나를 포함한 직원들의 엄마 역할까지도 해주시는 실장님은 60대 후반을 바라보신다. 가발 세척을 담당하시며, 시켜먹는 점심을 그다지 선호하지 않으셔서 매일 집밥을 제공해주신다. 그로 인해 우리 매장 주방은 점심시간만 되면 여느 가정집 주방처럼 분주하다. 만약 사장인 내가 시켜 먹는 걸 좋아하지 않고 무조건 해 먹자고만 했다면 월권행위가 되었을 수도 있다. 오후 2시부터 출근하는 막내 선생님도 토요일은 꼭 12시에 나와서 점심을 같이 먹고 있다. 이 역시 실장님의 "같이 밥을 나눠 먹어야 서로 간에 정이 더 돈독해질 수 있다"라는 의견 덕분이었다.

우리 매장은 항상 웃음이 넘쳐나고 화목하다. 하지만 종종 예기치 않은 오해로 진통을 겪기도 한다. 사람이 2명 이상 모인 곳이면 어디든 마찬가지겠지만 말이다. 그런 일이 있을 때마다 어떻게 해야 현명하게 잘 풀어나갈 수 있는가가 중요한 관건이 된다. 사소한 문제에 어떻게 대응하느냐에 따라 하루아침에 남남이 될 수도 있기 때문이다. 나 역시 전 회사에서 그렇게 나왔다. 그래서 내가 모르는 직원들만의 고충이 있을 수도 있다고 생각하며 노심초사하기도 한다.

하지만 가장 중요한 것은 사람 대 사람의 관계가 유지되기를 바라는 것이다. 직원들에게 사장으로서의 마음 씀씀이를 보여주려 하기보다는 좋은 인품으로 다가가고 싶다. 갑과 을의 관계가 아니라 좋은 관계를 이루고서 협력하면 좋겠다. 그렇게 되려면 내가 먼저 좋은 사람이어야 할 것이다.

가끔 매스컴으로 업주들의 횡포를 접한다. 그런 사건들 가운데는 정말 낯 뜨거운 경우도 많다. 어린 학생들을 아르바이트로 고용하고서는 임금을 제대로 주지 않는다든지, 외국인 노동자들을 폭행했다는 등의 기사를 보면 정말 가슴이 답답하다.

가장 약자에 해당하는 근로자들을 악용하는 비양심적인 업주들은 과연 돈을 벌려고 사업을 시작한 건지 궁금하다. 가장 기본이 되는 양심을 저버리는 행동을 하면서 사업이 잘되기를 바라는 것은 하나는 알고 둘은 모르는 최악의 사고방식이다.

규모가 크든 작든 창업 초반에 맞닥뜨리기 마련인, 경험 부족에 따른 다양한 고비는 사장 혼자서는 넘을 수 없다. 누군가의 지원을 받아야 한다. 그럴 때 도움을 주는 직원은 나를 도와주는 가족 이상인 셈이다. 즉, 내가 부리는 사람이 아니라 '나를 도와주는 사람'인 셈이다.

성과의 결과물을 모두의 노력에 의한 것이라 생각하고 직원들을 존중해준다면 사업은 더욱 잘될 것이다. 즉, 직원을 존중해주는 것이야말로 바로 최고의 요령이다. 실제로 경쟁 사업자들보다 월등한 경영 성과를 올리는 곳은 분명 사장과 직원들 간의 상호관계가 원활하다.

직원들과 관계 맺는 능력이 부족해서 자주 엇박자가 나는 곳이 있다. 만약 직원들 때문에 힘들어서 그런 경우가 생긴다면 그냥 혼자서 하는 1인 사업장으로 전환해보라고 권하고 싶다. '사장 따로 직원 따로'라는 식으로 사장과 직원의 생각하는 방향이 다르거나 서로를 못마땅해하는 사업장의 결정적 문제는 사장의 리더십 부족이니까 말이다.

간혹 직원들이 속을 썩여서 힘들다는 하소연을 하는 업주들을 보면 '저 사람은 자기 얼굴에 침을 뱉는구나!' 하는 생각이 든다. 이것은 곧 '우리 사업장이 잘 안되고 있어요' 하는 셈이니까.

나 역시 직원들과의 관계가 항상 좋을 수만은 없다. 질책이 필요하거나 개선을 해야 할 점을 말해야 할 때도 가끔 있기 마련이다. 그런 상황에서는 감정이입을 가급적 억제해야 한다. 그리고

'우리는 한 방향을 바라보면서 가고 있는 동업자'라는 사실을 잊지 않도록 각인시키는 등 지혜롭게 대처하려고 노력한다. 그래야 조직원들은 지위 고하를 막론하고 자기 자신을 특별하게 여기면서 책임감을 발휘하게 된다.

함께 일하고 싶은 직원은 사장이 만든다는 사실도 잊지 말아야 한다. 사업을 성공적으로 안착시키는 가장 중요한 요인은 '함께 일하는 사람들'이다. 가정에서도 가족들 간의 화기애애한 분위기가 활력소를 주듯이, 사업장에서도 마찬가지다.

다양한 직원들의 성향을 잘 파악하고, 그들의 행복지수를 높여주는 것 또한 사장의 일이다. 피치 못할 사정으로 서로 헤어지게 되더라도 화기애애하게 헤어지는 것이 중요하다. 함께 일했던 직원들이 전에 일했던 그 사업장에 대해 좋은 기억을 떠올린다면 그 사업장은 이미 성공한 곳이다.

나는 오늘도 고심한다.

'직원들과 머리로 계산하지 않고 가슴으로 주고받는 관계를 유지하려면 어떻게 해야 할까? 우리 매장 선생님들과 영원히 함께할 수 있을 방법은 뭘까?'

그래서 자주 내 마음을 돌아본다. 그러면서 떠올린다. 먹이와 따뜻한 거처를 찾아 수만 리를 날아가는 기러기 떼, 그 무리의 리더의 날갯짓을 말이다.

기러기 떼 리더의 날갯짓은 기류에 양력을 만들어주어 뒤따라오는 다른 기러기들이 혼자 날 때보다 70퍼센트 정도 쉽게 날 수 있도록 도와준다고 한다. 또한 뒤를 따르는 기러기들이 먼 길을 날아가는 동안 끊임없이 내는 울음소리는 바로 앞서가는 리더를 응원하기 위함이라고 한다.

　내 사업장에서도 오직 나만의 목적지를 향하기보다는 우리 모두의 목적지를 향한 여정을 하고 싶다. 기러기들이 주는 교훈이라면, '함께하는 일터는 힘들어도 힘들지 않으며, 서로를 격려한다'라는 것이다.

　종종 폭풍을 만나기도 하고, 또 비바람도 뚫고 가야 한다. 동료 기러기들을 위한 리더 기러기의 날갯짓과 뒤따라오는 동료 기러기들의 울음소리처럼 서로 의지하고 서로 돌본다면 끝까지 행복한 성공을 이룰 수 있을 것이다.

7

역량을 최대한 발휘할 수 있는
전업주부를 채용하다

      나는 4년 전에 매장을 확장하면서 나를 대신할 수 있는 부원장급 선생님이 필요했다. 구인광고를 냈더니 미용실을 수년간 운영했던 분을 비롯한 다양한 지원자들이 찾아왔다. 그중 자신감 있는 목소리와 시원스러운 외모를 빼면 모든 조건 면에서 일하기 힘들 것만 같은 30대 여성이 방문했다. 지금은 우리 매장의 일 잘하는 마스코트 부원장이다.

  지금의 부원장은 당시에 각각 3살과 2살이던 연년생 남매를 둔 전업주부였다. 내가 어린아이들을 두고 힘들게 일해봤었기에 내가 사람을 채용한다면 아이들도 크고 해서 조금이라도 안정적인 사람이 왔으면 했다. 그런데 그녀는 한참 돌봐야 할 아이들이 있었다. 더군다나 자격증만 취득한 채 미용 쪽 일도 해보지 않았다고 했다. 그런데도 그녀를 보면 새로운 일에 도전해보려는 예전의 나를 보는 듯했다. 결국, 동병상련의 마음이 더 크게 작용했는지 같이 일해보자고 해버렸다.

그렇게 채용되었던 그녀는 지금 우리 매장에서 내 역할을 톡톡히 해내면서 당당히 자리를 잡고 있다. 지금은 애들이 셋이다. 근무하면서 막둥이를 출산했는데 2개월 만에 다시 합류했다. 그 아이가 벌써 두 돌이 가까워지고 있다.

그녀의 근무 초반에는 내가 걱정했던 일들로 정신없었다. 어린아이들 있는 집이 거의 그렇듯 환절기만 되면 세 아이가 너나 할 것 없이 감기로 자주 병원에 다녔고, 어린이집에서 연락이 오면 뛰어가야 했다. 하지만 나는 그 모든 것들을 감수하고도 함께하고 싶은 그녀의 진심과 의욕을 보았다.

나 역시 일하면서 학교에 다니며 아이들 챙기느라 조금도 여유롭지 못했던 때를 보내고 있었다. 그러던 중 평소 만나보고 싶었던 유명 강사님이 대전에서 강연을 하실 예정이라는 소식을 들었다. 창업 후 처음 티켓을 예매했다.

오전 10시부터 시작하는 강연이라서 나는 출근하지 않고 바로 다녀오기로 했다. 강연을 듣고 나니 내용이 너무 좋아서 스트레스까지 확 풀린 듯했다. 이제는 가끔 이렇게 여유도 찾고 힘들 때는 좋은 강연들을 찾아다녀야겠다고 다짐했다.

그날은 너무 행복해 발걸음도 가벼웠다. 여유롭게 매장으로 들어서는데, 부원장의 귀에 치료라도 받은 듯 거즈가 붙어있었다. 진물도 약간 보였다. 귀에 급성 염증이 생겨서 새벽에 응급실을 다녀왔다는 것이다. 그녀는 내가 그 강연 티켓을 예매하고 너무 좋아하는 것 같아서 맘 편히 다녀오기를 바랐다. 그렇기에 출근을 할 수 없는 상황에서도 출근을 강행한 것이다. 같은 주부 입장이라 집안일을 하고 또 학교까지 다니며 매장 운영하느라 전전긍긍하는 내 모습이 안타까웠었나 보다. 그 마음이 너무 고마웠다. 책임감과 진정성도 느껴졌다. 사실 강연을 들으며 좋았던 시간보다 더 훈훈한 마음으로 하루를 마무리했다.

그날 이후로도 그녀에게서 엄마의 저력을 보여주는 강한 정신력을 자주 보았다. 지금은 어지간한 일들을 모두 부원장이 알아서 처리할 정도로 나 역시 그녀에게 의지하고 있다.

나는 그녀가 좀 더 자유롭고 마음 편하게 일할 수 있도록 해주고 싶다. 어차피 출근시간부터 퇴근시간까지 내가 자리를 지키고 있다고 해서 일이 잘 돌아가는 법도 아니다. 조금 자유로운 분위기에서 꼭 필요한 업무를 짧은 시간 안에 임팩트 있게 처리해나가는 것이 더 중요하다. 그래서 나는 직원들도 개인적인 일이 있으면 부담 없이 얘기할 수 있는 분위기를 만들고 있다. 상사와 직원이 다 같이 "내가 곧 오너!"라는 마음가짐을 가지고서 일한다면 충분히 가능한 일이다.

누군가가 다른 일로 빠지면 나머지 사람들이 조금 더 힘을 내서 그 사람 몫까지 일하면 된다. 그랬을 때 그 직원은 고마워서 다음 날 더 열심히 하는 모습을 보여준다. 이는 직장에서 마음과 마음이 통하는 분위기가 조성되면 가능한 일이다. 즉, 직원을 섬기는 리더십, 서번트 리더십Servant Leadership을 오너가 먼저 갖추면 된다.

여성들에게는 결혼과 출산으로 인해 어쩔 수 없이 '전업주부'라는 타이틀이 주어지는 경우가 많다. 그래서 결혼 전에는 상당한 스펙을 갖춘 커리어우먼이었더라도 본인 의지와 상관없이 '경단녀(경력 단절 여성)'가 되기 일쑤다.

내가 전업주부였을 때 학부모 모임의 엄마들과 종종 어울리며 많은 대화를 나누곤 했다. 결혼으로 출산과 육아만 하다 보면 결혼 전에 아무리 잘나갔어도 다 똑같은 주부가 될 뿐이라는 푸념과 하소연이 수시로 터져 나왔다. 심지어 커리어우먼으로 이름을 날렸던 여성들마저 다시 재취업을 하려고 나서면 갈 곳이 없거나 눈높이를 한참 낮춰야 하는 경우가 많다.

여성가족부와 고용노동부 같은 정부 기관에서도 경력이 단절된 여성들의 재취업을 위해 매년 적지 않은 예산을 편성하고 있다. 그렇지만 '왕년의 커리어우먼'이 구할 수 있는 일자리는 별로 없는 게 현실이다. 용케 재취업이 이루어지더라도 박사 학위나 대기업 근무 경력이 필요한 분야보다는 일반적인 일자리인 경우가 대부분이다. 그렇다면 어떻게 전업주부라는 타이틀을 벗고 성공적인 제2막을 준비할 것인가? 답은 '예전의 나는 버리고 새롭게 도전하는' 것뿐이다.

사실 할 수 없이 전업주부로만 살았던 여성들은 현실을 순순히 받아들이는 게 왠지 억울하리라고 생각한다. 잘나가던 커리어우먼 시절의 경력을 묻어버린 채 이대로 도태되는 것 같기 때문이다. 그래서 아이를 키우면서도 할 수 있는 일을 찾기 시작한다. 하지만 출퇴근시간을 아이가 학교에 다녀오는 시간 그리고 남편의 출퇴근시간과 맞춰야 한다. 그런 사정을 봐줄 회사는 어디에도 없다. 회사 측에서도 가정 사정으로 전전긍긍하는 직원보다는 회사 일에만 집중할 수 있는 직원이 더 편하니까 말이다.

또 재취업을 위한 구직 과정에서 '경력이 너무 오래 단절된 건 아닐까? 요즘 젊은 애들과 경쟁할 수 있을까? 아이들 때문에 출퇴근 때 눈치 봐야 하지 않을까?'라는 생각에 사로잡혀 도전조차 하지 못하고 포기하기 일쑤다. 꼭 들어가고 싶은 직장이 있고, 취업만 된다면 그곳에서 충분히 일을 잘해낼 수 있다는 자신감이 있는데도 말이다.

여러분도 이렇게 망설이고 있는가? 무엇보다 중요한 건 실행이다. 지금 당장 내 조건에 맞는 회사를 찾고, 과감하게 도전장을 내밀어보자. 어차피 밑져야 본전이다. 시간을 꼭 지켜가며 일하는 것도 중요하지만, 그렇게 타이트한 조건에 맞출 수 없다면 내가 그 회사에 해줄 수 있는 일을 가급적 많이 제시하면서 협상을 시도해봐야 한다. '어차피 안 될 거잖아!' 같은 지레짐작 때문에 그렇게 원했던 자리가 타인의 기회가 될 수도 있다.

회사 측에서도 자기가 맡은 일을 깔끔하게 해줄 사람, 즉 회사 측에 먼저 협상을 제시하는 당돌한 사람을 원하고 있을지도 모른다. 나 역시 가정에 피치 못할 사정이 있는데도 시간을 지키느라 불안한 마음으로 일하는 직원은 그다지 선호하지 않는다. 집 안일을 보느라 매장에 충실하지 못한 만큼의 시간을 보상하려는 듯 일을 스스로 찾아내어 집중적으로 하는 직원이 더 좋다.

우리 부원장처럼 오로지 "일을 하고 싶다!"라는 일념으로 과감하게 도전장을 내밀어보라. 의외로 그런 사람을 기다리는 회사는 많다. 물론 처음부터 무조건 기다려주는 회사를 찾기가 힘들 것이다. 그러나 안되는 일을 되게 하려면 많은 에너지가 필요하다. 각오하고서 일정 기간 동안 전력을 다해 노력한다면 마음가짐에 따라 '직원이어도 사장처럼 일할 수 있는' 날이 올 것이다.

주부라는 타이틀은 의외로 좋은 조건이 될 수도 있다. 약점이라고 생각해 감추려고 하기보다 '주부라서 할 수 있는 일'을 찾아보자. 주부라서 얻을 수 있는 장점들을 어필하는 것도 취업에 도움이 될 수 있다.

무엇을 가장 잘할 수 있을까? 고민하면서 현실을 바로 보면 자신이 할 수 있는 일이 보인다. 살림과 육아를 겸해야 하는 주부의 입장으로 눈을 낮추기보다는, 가족적인 분위기의 작은 기업에서 능력을 발휘하는 것도 좋다.

경기 침체로 일자리가 줄어 주부들의 취업 활동이 이래저래 험난하지만, 이런 때일수록 자신감과 용기, 그리고 적극적인 자세가 필요하다. 생각에만 그치지 말고 부지런히 노력하면서 찾아다니는 자세가 취업의 문을 열어줄 것이다.

먼저 '정말로 성공하고 싶은가?'라고 자신에게 물어보자.

4

시련 앞에서 더 강해져라

1

시련 앞에서도
희망을 버리지 말라

나는 창업 2년 만에 처음으로 매장을 확장했다. 바로 위인 4층에 있는 더 널찍한 매장으로 옮기게 된 것이다. 새 매장의 인테리어 작업 때문에 여름휴가를 기점으로 모든 계약을 끝냈다. 휴가지인 여수에 막 도착했을 때 인테리어 업체 사장님으로부터 다급한 전화가 걸려왔다. 집기가 올라와야 하는데 관리사무소 지시로 화물용 엘리베이터가 막혔다는 것이다.

건물의 상가협의회와 분쟁이 생긴 것이다. 점포 계약도 다 마쳤는데도 가발이라는 업종은 4층에 들어오면 안 된다고 4층에 있던 미용실에서 클레임을 걸면서였다. 가발 착용 시 가발과의 연결을 위해서 어느 정도의 커트가 필요하기에 미용업으로 허가를 냈다는 이유였다. 새 점포 계약 당시 건물주도 전혀 문제 삼지 않았고, 나 역시 미용시술로 수익을 내는 업종이 아니니 전혀 생각지도 못했던 상황이었다.

내가 하는 가발사업은 미용사 자격증을 소지했어도 미용실과는 전혀 관계가 없다. 그런 입장을 제시하면서 항변해도 4층의 미용실에서는 한 층에 2개 이상은 상법상 절대로 안 된다고 하는 것이었다. 같은 업종의 매장이 2개 이상 겹치면 매출을 나눠 먹게 된다면서 말이다. 충분히 이해할 수 있었기에 나는 절대로 미용시술은 하지 않겠다고 각서까지 쓴다고 했다. 그런데도 상가협의회는 막무가내였다.

너무 속상하고 서러웠다. 남편과 아이들은 왜 그러냐고 물었지만, 창업 후 애들과 처음으로 하는 여행을 이렇게 무산시키고 싶지는 않아서 대강 둘러댔다. 인테리어 업체 사장님께 일단 돌아가시라고 말씀드렸다. 사장님 역시 기분 좋게 작업하고 싶으셨을 텐데 건물에서 협조하지 않아 기분이 상하신 듯했다. 그날 작업 연기로 인한 손해배상은 충분히 해드리기로 했다. 여수의 맑은 하늘은 우리를 반기고 있었지만 내 마음은 잿빛이었다.

휴가에서 돌아오자마자 세무서로 가서 업종을 '미용업'에서 '가발 판매 서비스업'으로 정정했다. 관련 서류를 관리사무소에 제출하고 일을 진행하려는데, 그래도 안 된다는 것이다. 이유가 뭐냐고 물으니, 상인들이 안 된다고 했다면서 우물거렸다.

그 순간 이상하다 싶었다. 일단 내게 반대했다는 업주들과 만났을 때의 표정을 보니 그다지 악의가 있어 보이진 않았다. 역시 다른 이유가 있었던 것이다. 역시나 내가 계약한 건물주와 상가 협의회 사이에 소송이 진행되고 있었다. 자세한 내막은 지금도 모르지만, 이러한 분쟁 때문에 세입자인 내가 피해를 본 것이다. 계약 전에 그런 사실을 알았더라면 다른 길을 택했으리라.

나는 타인과 관계를 맺을 때 항상 좋은 게 좋은 거라 생각해 가급적 양보하며 살았다. 그래서 내 사업장 주변 사람들과 이렇게 껄끄러운 관계로 시작하게 된다는 사실이 실망스러웠다. 하지만 이미 계약을 했으니 더는 물러날 수도 없었다. 끝까지 밀고 나가기로 마음먹었다. 법적인 문제도 없고, 나로 인한 것도 아닌, 그들끼리의 싸움 때문에 내가 손해를 보면서 내 꿈을 접을 수는 없는 일이 아닌가.

우리 집 가훈이 "나 자신을 소중히 여김과 동시에 타인을 배려하는 마음을 갖자"이다. 그렇지만 경우가 아닌 일 앞에서는 절대로 물러설 수 없었다. 나는 이렇듯 말도 안 되는 횡포에 너무나도 화가 났다. 그래서 당시 건물이 떠들썩해질 정도로 소리를 지르며 항변했다. 내가 태어나서 그렇게 큰소리로 악을 써본 적은 그때가 처음이자 마지막인 듯하다. 모든 일이 '한 단계 업그레이드되는 과정에서는 큰 파장이 일기도 한다'라고 하지 않던가. 나

는 매장 확장 기간이던 그 한 달 내내 정말 마음도 육체도 만신
창이가 되었다.

인테리어를 하는 과정에서도 상당히 힘들었다. 친환경 페인트
를 사용했는데도 온 건물에 페인트 냄새가 진동한다는 민원이
잇따른 것이다. 나는 점포마다 찾아다니며 죄송하다고 사정했
다. 다행히 그때 사과가 제대로 받아들여져서인지 지금은 많은
사업장 사장님들이 호의적으로 대해주신다. '이민아 가발'에 찾
아오신 분들이 자기네 매장에도 들르신다며 좋아하시는 분들도
꽤 있다.

하지만 그 당시에는 사막 한복판에 혼자 서있는 듯했다. 세상
에 내 편은 하나도 없는 듯했다. 그런데 신기하세도 힘든 진통을
겪은 후 매출은 전년 대비 2배 이상 뛰었다.

위기에 처했을 때 어떤 자세로 대처하느냐에 따라 결과가 많
이 달라진다. 롤러코스터를 '공중에서 분해되어버릴 수도 있는
무서운 기구'라고 생각하고서 타는 것과 '하늘을 마음껏 날며 즐
기는 기구'라고 생각하고서 타는 것은 많이 다르다.

나는 20대에 롤러코스터를 처음 탔다. 무섭고 두려웠지만 피
할 수 없는 분위기상 탔어야만 했다. 그날 이후 나는 열흘가량
심하게 앓아누웠다. 가족들이 무슨 큰 병이라고 생각할 정도로
고열에 시달렸다. 만약 그 당시 '하늘을 나는 새가 되었다는 마

음으로 놀이기구를 즐겼다면 어땠을까?'라는 생각이 든다. 위기 앞에서도 잘될 것이라는 상상을 하면서 대처하는 사람은 당시에는 고통스럽더라도 결과만큼은 반드시 좋을 것이다. 반면 그 자리에 주저앉아 버린다면 남이나 탓하면서 한없이 추락하게 될 것이다.

사업을 하다 보면 예기치 않은 어려움이 닥치기 마련이다. '내가 남자였어도 이런 일이 벌어졌을까?'라는 생각이 들 정도로 부당한 경우도 여러 차례 겪었다.

그럴 때마다 더욱 강해지기로 했다. 세계에서 가장 영향력 있는 여성 리더이자 페이스북의 최고 운영책임자인 셰릴 샌드버그도 자신의 저서인 《린인》에서 이렇게 말했다.

"기회는 적극적으로 달려드는 사람이 쥐기 마련이다. 자신에게 완벽하게 들어맞는 기회를 노릴 게 아니라 스스로 기회를 잡고, 그 기회를 자신에게 맞춰라."

자신이 여성이라는 사실을 걱정하지 말고, 여성이기에 가지고 있는 장점이기도 한 여성 특유의 부드러움에 내재된 자질과 카리스마를 발휘해 끝까지 적극적으로 자기 분야의 전문가가 되라는 의미다.

샌드버그의 말대로 우리 여성들은 여성 특유의 부드러움에 내재된 자질과 카리스마를 잘 활용해야 한다. 사회생활을 하면서 남자들이랑 똑같이 할 필요는 없다. 현대 중국을 건국한 마오쩌

둥 주석도 "여성이 하늘의 절반을 떠받치고 있다妇女能顶半边天"라고 하지 않았던가. 남성이 주도하던 시장에서 지금은 여성이 주요한 역할을 하는 것을 보라.

나처럼 평범한 여자도 신명 나게 사업을 하고 있다. 이런 일은 누구에게나 가능하다. 때로는 죽을 것같이 힘들어도 실제로는 죽지 않고, 절대 해결할 수 없는 시련 같은 것도 주어지지 않는다. 돌이켜보면 마음고생하고 힘들었던 나날들이 어느덧 행복의 순간들로 바뀌어있다.

나는 확신한다, 지금 힘들고 잘못될 것만 같은 일이라도 잘 견뎌내면 나중에는 그야말로 몇 배의 행운을 가져다주는 밑거름이 될 거라는 사실을….

2

냉철하게 준비하고
감성으로 일하라

나는 인간미 있고 따뜻하며, 똑 부러지면서도 유연하기까지 한 아름다운 성공을 원한다.

우리 여성들의 좌·우뇌 반구의 연결 상태는 남성들보다 강화되어있다고 한다. 그래서인지 여성은 남성보다 직관적 분야의 일을 잘하고, 여러 가지 일도 동시에 할 수 있는 것 같다. 이는 미국 펜실베이니아 대학교의 라지니 버마 교수의 연구로 입증되었다. 나는 뇌연결망 구조도 우리 여성들이 훨씬 유리하다고 생각한다. 물론 일에 관해서는 남성과 여성의 성취도의 차이가 있겠지만 말이다.

나는 매장 오픈 전 한참 동안 거울 앞에 서서 나 자신을 점검한다. 거울 앞에서 미소와 표정 짓기를 연습하는 것이다. 그렇게 해야만 고객을 대할 때 당황하거나 화가 나는 순간에도 여유를 가지고서 대처할 수 있기 때문이다. 미소 짓는 아름다운 얼굴을 마다하는 사람이 있을까?

오늘날에는 예쁘거나 잘생긴 얼굴만이 아름다움의 기준은 아닌 것 같다. 진정 아름다운 얼굴에서는 마음의 따뜻함과 사람을 끌어당기는 온화함이 묻어나온다. 그런 얼굴은 어디에서든 주목받는다. 이처럼 따뜻한 미소로 고객과 소통할 때마다 고객님들 중 거의 절반 이상이 내 편이 되었다.

또한 나는 고객의 지갑을 열기 전에 고객의 마음을 열 수 있기를 고대하는 마음을 담아 주문을 외운다. 부드럽지만 때로는 강하고 매력적인 목소리로 고객을 리드하기 위해 노력한다. 그리고 고객의 마음을 먼저 내 편으로 만들려면 어떻게 할 것인가를 연구한 뒤 철저하게 준비하고 연습한다. 고객을 만나기 전에 완벽한 상담과 상품 준비 그리고 따뜻한 인간미를 함께 나눌 수 있는 자세를 반드시 갖추어야 하기 때문이다.

준비와 연습으로 다듬어진 태도는 곧 자신의 미래가 된다. 일뿐만 아니라 살면서 만날 수많은 사람들로부터 호감을 사게 되는 방법 역시 연습과 준비로 만들어진다.

우리 매장에는 아름다움을 추구하거나 지금보다 더 멋있어지기를 원하는 분들이 부분가발을 구매하려고 찾아오신다. 오늘날에는 부분가발이 내 얼굴을 돋보이게 하는 필수품이다. 그래서 홈쇼핑에도 심심찮게 부분가발이 등장한다. 즉, 머리숱이 많은 사람에게도 부분가발은 아주 유용한 아이템인 것이다.

풍성하고 세련된 헤어스타일이 성형수술보다 10배 이상 효과가 있다. 이는 내 제품을 이용하시는 분들 대부분이 이구동성으로 하시는 말씀이기도 하다. 아무리 값비싼 옷을 입고 외출하더라도 비라도 내리면 한껏 볼륨을 준 머리카락이 쳐지면서 스타일도 여지없이 초라해지기 때문이다.

이렇듯 가발은 아름다움에 관련된 업종이다 보니 고객님들은 내 헤어스타일이나 패션에도 민감하다. 나를 당신의 헤어스타일을 책임져줄 사람으로 여기는 것이다. 그래서 나는 패션에도 각별하게 신경 쓰는 것을 넘어 패션을 전략으로 활용한다. 자신감이 넘쳐 보이도록 카라를 세우는 옷을 주로 입는 것도 그래서이다. 좀 더 당당해 보이는 외모가 나를 찾는 사람들에게 희망을 줄 수도 있으니까.

옷차림새로 그 사람의 직업을 유추할 수도 있다. 그러니 '자신의 개성이 패션에서 나온다'라는 점을 고려하여 나 같은 일을 하는 사람은 패션에 더더욱 민감해져야 할 것이다. 내가 입고 있는 옷이 나를 대변해주며, 첫인상까지도 좌우할 수 있다. 우리 여성들이 사회생활을 하면서 자신의 직업을 대하는 마음가짐도 지금 어떤 옷을 입고 있는지로 드러나기도 한다.

내가 지금까지 성공을 꿈꾸면서 가장 중요하게 생각한 것 중 하나는 '첫인상'이다. 첫인상은 내 사업의 얼굴이라 생각하기에 각별하게 신경 쓴다.

그리고 첫인상만큼이나 중요한 것이 바로 '감성 전략'이다. 창업하게 되면 다양한 사람들과 어울리면서 관계를 맺는다. 그래서 마음을 사용하는 감성 전략이 필수적이다. 감성이 뛰어난 사람을 상대하다 보면 어느새 그 사람과 우호적인 관계를 맺고 싶어지니까 말이다.

특히 고객을 상대할 때에는 감성 전략이 필수적이다. 아리스토텔레스도 이렇게 말했다.

"마음에 호소하는 것은 머리에 호소하는 것보다 강하다. 머리에 호소하면 사람들이 고개를 끄덕이겠지만, 마음에 호소하면 사람들은 지금 당장 움직인다."

더군다나 나는 가발을 구매하기 위해 멀리서 찾아와주신 고객님들이 너무 고마웠다. 그래서 나름 큰 금액을 투자하신 그분들께 어떻게 보답할 것인가 궁리한 끝에 감성 전략을 짜냈다.

결국, 가발을 구매하신 분들의 만족도를 높여드리는 게 내 방식의 감성 전략인 것이다. "혹여 집에서 세척하다 망가지기라도 하면 안 된다", "처음과 같은 예쁜 디자인이 나오지 않으면 안 된다." 이러한 생각으로 나는 고민 끝에 모든 손질을 내가 직접 해 드리기로 했다.

가발은 내 머리카락처럼 매일 감아야 하는 게 아니기에 기간을 정했다. 사실 내 머리카락에서는 두피로 인해 냄새가 나므로 매일 감아줘야 하지만, 가발은 자주 세척하면 너무 빨리 손상된다. 그래서 가발 세척은 한두 달에 한 번 정도가 적당하다. 물론 땀이 유난히 많은 분에게는 조금 무리가 있겠지만 말이다.

나는 우리 매장에서 가발을 구매하신 고객님들께 다음 날 내가 생각한 서비스에 대해 장문의 문자메시지를 띄운다. 예를 들면 이런 식이다.

"안녕하세요~. 이민아 가발입니다. 지난 토요일 멀리서도 저희 매장을 찾아주셔서 진심으로 감사드립니다. 가발매장을 찾는다는 건 큰 용기가 필요하셨을 텐데, 감사에 보답하고자 제품 세척이나 스타일 관리를 모두 무료로 해드리고 있습니다. 조금이라도 어색하시거나 손질이 어려우실 때는 언제든 매장으로 방문해주세요. 소중한 인연에 친절한 서비스로 보답하겠습니다. 오늘도 좋은 날 되세요~. 이민아 원장 드림"

물론 이 문자메시지를 받으신 고객님들은 정말 좋아하셨다.

고객님들은 대개 본인이 구매한 고가의 제품을 잘 착용할 수 있을지, 너무 쉽게 결정을 내린 건 아닌지 등을 고민한다. 그럴 때 매장 대표가 직접 보낸 장문의 문자메시지를 받으면 마음이 한결 편해진다고 하신다. 누구에게나 감춰져있는 감성을 건드린 것이다. 나는 백화점에서 근무했을 때도 진정성 있는 문자메시지를 보내드림으로써 고객님들에게서 무한한 신뢰를 얻었다. 이왕 보내는 것이라면 받는 개개인의 가슴을 울릴 수 있는 정성이 들어간 문자가 좋지 않겠는가.

사실 단체 문자메시지를 받아본 사람들은 잘 알 것이다. 그다지 의미 없다는 생각이 들어서 보자마자 바로 삭제했던 경험 말이다. 그러한 사실을 알면서도 귀찮아서 성의 없는 단체 문자메시지를 띄운다는 것은 "내 사업이 잘되도 그만이고, 안되도 그만이오~"라고 말하는 것이나 마찬가지다.

내가 판매한 제품을 고객님이 폐기하실 때까지 무료로 관리해드리기로 했던 이유는 '책임감' 때문이었다. 하지만 계속 무료 관리를 해드리다 보니 지금은 본의 아니게 고객님들에게 채무를 안겨드린 셈이 되어버렸다. 그래서인지 우리 매장에는 간식거리가 끊이질 않는다. 심지어 김치를 담가서 보내주시거나, 점심 때 외식하지 말라면서 온갖 나물반찬에 더해 비빔밥까지 해먹을 수 있도록 참기름까지 가져다주시기도 한다. 집에 가면 바빠서 애들 넷하고 밤 까먹을 시간도 없겠다며 그 많은 밤을 손수 껍질까지 벗겨서 가져오시는 고객님도 계시다.

그러한 고객님들과 나는 서로 감성을 나누며 더더욱 돈독한 사이가 되어가고 있다. 부탁하지 않아도 고객님들이 자진해서 홍보대사가 되어주시기까지 한다. 매장에 손질 받으러 오신 분들마저 새로 구매하기 위해 오신 고객을 보면 직원으로 오해받으실 정도로 열심히 세일즈를 해주신다. 그 정도로 판매에 도움을 주려고 노력하시는 모습을 보면 너무 행복하다. 먼저 고객님들을 배려해드린 마음이 사업적 전략으로 진화하고 있는 셈이다. 이것이 바로 여성들만이 할 수 있는 감성 전략이 아닐까?

3

힘들 때 잠재된 에너지를
더욱 독하게 끌어내는 법

1998년 LPGA US 여자 오픈 연장 18번 홀에서의 박세리 선수의 모습을 기억하는 사람은 많을 것이다. 양말을 벗고 연못에 들어가 샷을 하던 어린 선수의 모습은 당시 IMF 사태로 고통받던 우리 국민들에게 큰 용기를 주었다.

그때 박세리 선수는 20대 초반이었다. 그녀는 이 대회에서 우승하기 전까지 성적이 좋지 않았다. 그래서 이 대회가 마지막이라고 생각하고서 임했고, 끝내 맨발의 투혼을 벌이며 우승을 거머쥐었다.

박세리 선수의 그때 마음은 어땠을까? 두려웠을 것이다. 그렇지만 그녀는 죽을힘을 다해 고된 싸움을 했고, 마침내 해내고야

말았다. 이렇듯 희망과 절망은 단 한 걸음 차이다. 숨이 턱까지 차오를 정도로 힘든 그 순간에 한 걸음만 더 힘을 낸다면 '성공'이라는 목적지에 도달할 수 있다.

성취감과 만족감을 누릴 수 있는 보다 값진 인생을 살고 싶다면 힘들 때 한 번 더 힘을 내야 한다. 즉, 잠재된 에너지를 끌어내는 회복탄력성이 필요하다. 살다 보면 예기치 않은 사건들이 우리 앞을 가로막는다. 그럴 때에는 종종 주저앉고 싶어지기까지 한다. 하지만 살아간다는 것 자체가 다양한 도전과 어려움을 끊임없이 극복해나가는 과정이다.

모든 일이 언제나 뜻대로 이루어지기는 힘들다. 그렇다면 매 순간 닥쳐오는 시련 앞에서 그대로 주저앉기보다는 마음의 근육을 더욱 단단히 조여야 한다. 단단해진 마음의 근육은 어려움을 극복하는 데 많은 도움이 될 것이다. 몸의 근육을 꾸준한 운동으로 만들어내듯, 마음의 근육 역시 체계적인 연습과 훈련으로 키워야 할 것이다.

회복탄력성을 키우려면 긍정적 정서가 마음속에 가급적 많이 들어있어야 한다. 펜실베이니아 대학교의 심리학과 교수 마틴 셀리그만의 저서 《긍정심리학》은 나를 한 단계 성장시켰다. 특히 다음과 같은 글이 인상적이었다.

"긍정적 정서는 우리의 지적·신체적·사회적 자산을 지속적으로 확충하고 형성하여 위기에 처할 때와 기회가 있을 때마다 활용하게 한다. 따라서 긍정적 기분에 취해있을 다른 사람들이 우리를 더 좋아하게 되고, 우정·애정·유대감이 돈독해질 가능성이 아주 높아진다."

도저히 해결할 수 없는 일 때문에 지쳐서 쓰러지려고 하는 순간, 긍정적 사고로 마음을 다잡는다면 어느새 그 일을 헤쳐나가는 나 자신을 보게 될 것이다.

내가 10년간 가발업을 하는 동안 정말 주저앉고 싶게 했던 사건 하나가 떠오른다. 내가 하는 사업은 앞서 이야기했듯이 암 치료를 하시는 환우님들이 종종 찾는다. 고객 중 30퍼센트라는 적잖은 비율을 차지할 정도로 암 치료 후의 탈모로 가발을 찾으시는 분들이 많다.

가발이 암 치료에 직접적 도움이 되는 건 아니다. 하지만 전체 탈모로 인해 민머리에 모자를 쓰면 누가 봐도 아픈 사람처럼 보이기 마련이다. 예쁘게 손질된 예전의 내 머리와 흡사한 가발을 착용한다면 헤어로 인한 스트레스가 조금이나마 줄어들지 않겠는가. 그래서 나는 한 달에도 수십 명의 환우님들과 소통하며 애로 사항들을 듣고 개선하고 있다. 진심으로 그분들이 내가 손질해드리는 가발 덕분에 거울을 볼 때마다 우울감에서 해방될 수 있기를 간절히 바라는 마음에서다.

각설하고, 처음 미용을 배웠을 때의 마음과 달리 나는 바쁜 일상 탓에 전혀 미용 봉사 활동을 못하고 있다. 그래서 나는 내 사업장을 찾으시는 환우님들이 치료가 끝나서 가발을 그만 착용해도 될 때까지 모든 세척과 스타일 관리를 무료로 해드리기로 했다. 그런데도 치료 중에 사용할 전체가발을 구매해가시는 고객님들에게서 종종 컴플레인이 들어온다. 어떤 땐 매장이 발칵 뒤집힐 정도로 한바탕 난리가 나기도 한다. 아마 병원에서 의사들이 암 진단을 통보할 때도 가끔 일어나는 현상일 것이다.

몇 년 전부터 멋내기용 가발을 착용해오시던 고객님이 암 진단을 받으셨을 때다. 그 소식을 듣고 나서 나도 그날 저녁 내내 잠을 설칠 정도로 속상했다. 그 고객님께서는 두상이 유난히 작으신 분이라 맞춤가발을 제작해야 했다. 그러나 항암치료로 경황이 없으셨던지 미리 방문할 겨를이 없었다고 하셨다. 맞춤가발은 제작에 한 달 이상이 소요되므로 프리사이즈가발을 내가 직접 캡 수선을 해서 줄여드리기로 했다. 탈모가 급속히 진행되었기에 나는 집으로 가지고 와서 그날 밤 늦은 시간까지 수선 작업을 했다. 다음 날 고객님은 만족해하시면서 예쁘게 착용하시고는 고맙다며 안아주시기까지 했다. 이럴 때는 정말 내가 하는 일에 보람까지 느껴져 마음이 훈훈하다.

그런데 다음 날 매장이 발칵 뒤집혔다. 그 고객님께서 "암 환자라고 우습게 봤다"라며 가발을 거의 내동댕이치다시피 하셨다. 당신 머리카락 빠지는 것도 서러운데 가발도 머리카락이 빠지는 것으로 해줬다는 것이었다.

'아니, 맙소사! 그럴 리가 없는데! 밤을 새워 만들면서 무슨 일이 일어났을까?'

나는 일단 백배사죄하고 환불해드렸다. 그 고객님은 화가 얼마나 많이 나셨던지 다시는 안 볼 것처럼 나가버리셨다. 그 순간 매장 안은 얼음처럼 싸늘해졌다.

눈물이 쏟아졌으나 정신을 가다듬고 제품을 살펴봤다. 내 불찰이었다. 제품의 캡을 수선하는 과정에서 떨어진 머리카락 일부를 미처 꼼꼼하게 털어내지 못했던 것이다. 암 진단으로 인해 몸과 마음이 피폐해져 더욱 예민하셨을 터라 충분히 이해할 수 있었다. 길가의 잡초만 봐도 눈물이 날 정도로 처절한 기분이 드셨을 상황에서 오죽하셨겠는가. 나보다 힘든 상황에 직면해있을 그 고객님을 생각하면서 나를 위로했다. 그러나 나는 자초지종을 설명할 기회라도 있었더라면 하는 아쉬움과 그렇게 신뢰가 무너진 것에 대한 자책감 때문에 고통스러웠다. 원래 알고 지내던 고객이었던지라 더욱 속상했다.

며칠간은 과연 내가 이 일을 계속할 수 있을까 싶었을 정도로 힘들었다. 이렇듯 사업을 하다 보면 내가 잘못해서 건 상대방이 잘못해서 건 종종 오해가 생기기 마련이다. 가정에서도 대인관계에서도 마찬가지다. 그 당시 마음가짐에 따라서는 이렇듯 어렵거나 꼬여가는 일들을 극복하지 못하고 주저앉기도 한다. 이럴 때 긍정적인 사고와 정서가 부족하면 회복에 꽤 많은 시간이 소요된다. 이런 사건들이 있을 때마다 나를 위로해준 것이 긍정에 관한 좋은 양서들이었다.

"긍정적 정서는 (인류가) 지속적으로 계발하고 발전시킨 산물이다. 눈앞에 닥친 위협에 맞서는 행동에만 국한된 부정적 정서와 달리, 긍정적 정서는 성장의 가능성을 널리 알리는 역할을 한다."

이 역시 마틴 셀리그만의 저서 《긍정심리학》에서 나온 내용이다. 우리 삶의 모든 방향을 긍정적 정서로 변화시키지 않는다면 언제 닥칠지 모르는 위기에 대처할 힘이 현저히 떨어질 것이다.

나는 힘들 때마다 회복탄력성을 위한 에너지를 더 독하게 끌어내는 방법으로 다음과 같은 세 가지를 활용한다.

① 나보다 더 악조건에 놓인 사람들을 생각한다. 나보다 훨씬 악조건에 놓였거나 치유할 수 없는 슬픔을 겪는 사람들이 너무나 많음에도 우리는 그런 이들을 생각하지 않고 산다. 그러니 정말 힘이 들 때는 억지로라도 그런 이들을 생각하며 내 상황이 그들보다 얼마나 나은지 떠올려봐야 한다.

② 긍정에 관한 책을 읽거나 강의를 듣는다. 운동으로 근육을

만드는 것처럼 우리 생각이나 감정도 긍정적으로 변화시키려면 끝없는 노력이 필요하다.

③ 나의 사랑하는 가족들을 생각한다. 자녀일 수도 있고 배우자일 수도 있고 부모님일 수도 있다.

이렇게 형성된 회복탄력성은 우리 삶의 여정에서 더 큰 성취감을 맛보게 한다. 그리고 그 성취감은 행복과 건강의 밑거름이 된다.

크고 작은 다양한 역경과 실패를 오히려 도약의 발판으로, 한 단계 더 성숙할 수 있는 계기로 삼아야 한다. 이 또한 회복탄력성이 높아야지만 가능하다.

회복탄력성을 높이려면 어떻게 해야 할까? 회복탄력성은 우리 내부의 깊숙한 곳에서 나오며, 동시에 외부의 지지자들에 의해 발현된다고 한다. 그래서 엄청나게 힘든 일을 접하고도 삶의 더 깊은 의미를 발견하는 계기가 된다. 즉, 자신의 모든 것과 주변에 더욱 크게 감사하면서 한 단계 더 성장하는 원동력이 되는 것이다. 나 역시 나를 지지해주는 이들이 있을 때 그들을 생각하며 다시 일어선다.

가정에서는 두말할 것도 없이 나의 아이들이, 그리고 그 아이들을 있게 해준 남편이 나를 지지해주는 이들이다. 그리고 내가 가발업을 해온 지난 10년간 내게 항상 고맙다는 말씀을 해주시는 고객님들도 나를 지지해주는 이들이다. 이분들을 생각하면서 나는 다시 힘차게 가발 디자인을 한다.

너무도 힘들었던 바로 그 사건이 있은 지 1년 후 그 고객님과 새로운 관계를 형성할 기회가 찾아왔다. 내가 뒤늦게 시작한 대학공부로 인해 매장에 없던 날 그 고객님이 찾아오셨다는 것이다. 항암치료도 끝나고 어느 정도 회복되었으나 치료의 후유증으로 머리카락이 가늘게 나와서 부분가발이 필요하셨다고 했다.

매장 선생님들이 잘 어울리는 것으로 권해드렸으나 꼭 내가 직접 권하는 걸 하고 싶다며 재방문 예약을 잡으셨다. 내가 그때 굳이 변명을 늘어놓지 않았어도 진정으로 그분을 위해 노력했다는 것이 텔레파시로 전해졌을지도 모른다는 생각이 들었다.

그래서인지 그 고객님과 다시 만났을 때 우리는 서로 눈으로만 말했다. 마음으로 그때를 회상하면서도 그냥 아무렇지도 않게 다시 웃으며 지금까지 관계를 유지하고 있다.

4

나는 스스로에게
한계를 두지 않았다

사실 창업이 두렵지 않다면 거짓말이다. 백화점의 판매원으로 일하면서 많은 매출을 올려봤는데도 창업을 결정했을 때는 나에게도 두려움이 밀려왔다.

창업 후 처음부터 잘될 것이라고만 생각하면 큰 오산이다. 더군다나 내 품목은 지인들이 팔아줄 만한 것도 아니었다. 아이러니하게도 지인들의 도움을 받지 않았기에 더욱더 탄탄한 사업장을 운영하게 된 것 같지만…. 그러나 창업하고 첫 몇 달 동안 월세와 관리비를 제외하니 일반 직장인들 급여의 반도 안 남았다. 경험도 있고 자신감도 있었기에 이럴 것이라고는 상상도 하지 못했었으니 충격적이었다.

그래도 '첫 술에 배부른 법 없다'라고 생각하며 한 단계씩 잘 밟아나갔다. 그런데 내가 창업하고 얼마 뒤 온 국민을 슬픔에 빠 뜨린 세월호 사건이 터졌다. 삼풍백화점 붕괴나 대구 지하철 화 재 등 어른들이 사고를 당해도 충격이 큰데, 아이들이 그런 일을 당했으니, 그 충격이야말로 오죽했으랴. 그런 상황에서 누가 아 름다움을 추구할 생각을 하겠는가.

그로부터 몇 달 후에는 신종 바이러스인 메르스가 나타나 온 국 민을 두려움으로 긴장시켰다. 메르스에 전염될까봐 사람들이 움 직이지 않으니 창업한 지 1년도 안되었던 나는 불황 아닌 불황을 맞았다. 제대로 해보지도 못하고 그만두는 건 아닌가 싶었다.

더군다나 여자의 창업은 사실상 집안의 응원을 전격적으로 받 지 못한다. 그래서 괜히 무시당할까봐 혹은 쓸데없이 우려할까 봐 걱정되기도 한다. 그러다 보니 눈에 보이는 결과물을 확실히 보여주기 전까지는 항상 불안하고 초조하다. 더군다나 나는 전 업주부로만 있었기에 특별한 경험이나 경력 같은 것도 없어 자 격지심까지 있었다.

이러한 작은 생각들 때문에 가뜩이나 위축된 상황에서 누가 어떻게 손쓸 수도 없는 재난까지 닥친다면 이겨낼 재간이 없다. 하지만 나는 받아들이기로 했다. 아름다움에 관련된 업종으로 매출을 많이 올리기는 어려운 시기라는 사실을 말이다.

상황이 진정될 때까지 난 뭘 할까 생각했다. 사람들은 어려운 시기에 도태되지만, 나는 오히려 그런 시기에 새로운 아이디어나 돌파구를 찾을 수도 있을 것이란 생각을 했다. 돌이켜 보면 세월호 사건의 슬픔으로 인해, 메르스의 공포로 인해 사람들이 움직이지 않을 때 매장에 앉아서 했던 마케팅 공부가 지금까지도 많은 도움을 주고 있다.

그렇게 공부하면서 10평 정도인 내 작은 가게를 활용해 특정한 사람들만 찾는 품목을 가급적 많이 홍보하기 위한 다양한 방법들을 찾아냈다.

당시에는 매출 부진으로 여유자금이 거의 고갈됐기에 저비용으로 홍보할 방법을 모색해야만 했다. 아파트 엘리베이터의 거울광고부터 시작해서 관리비 고지서 속 전단지, 지역 광고 잡지 등 모든 것들을 찾았다. 하지만 이렇게 주변 동네 장사 수준으로만 하고 싶지는 않았다.

가발은 멀리서도 찾아와야지만 매출이 나오는 품목이다. 그래서 나는 과감한 결정을 내렸다. 자금이 턱없이 부족한데도 TV광고를 하기로 결정한 것이다. 주위 사람들이나 가족들은 시큰둥해하거나 의아해했다. 흔히들 TV광고는 대기업에서만 하는 것으로 생각해서였으리라. 나는 그런 고정관념을 깨고 싶었다. 사실 어떤 기업이든 처음에는 모두 나처럼 어렵고 부족한 상황에서 시작하지 않던가.

나는 주변의 눈초리 따위는 아랑곳하지 않기로 했다. 그래서 광고회사에 연락해 상담을 잡았다. 그 당시 상담을 해주셨던 제이엔 프로㈜의 전민식 부장님께는 지금도 감사를 드린다. 내 상황을 잘 파악하셔서 최저의 비용으로 광고를 제작해주시면서도 내 의견을 최대한 존중해주신 분이다. 많은 광고 촬영을 진행했지만 '가발'이라는 특수 품목을 가장 잘 아는 사람은 나라고 하시면서 말이다.

만만치 않은 광고제작비를 할부로 결제한 뒤, 대전·세종·충청 지역 공중파 방송에 내 이름을 건 광고가 방송되기 시작했다. 나는 최선을 다했다. 할부금도 갚아야 했고, 방송을 보고 찾아온 고객님들이 실망하지 않도록 밤낮으로 고군분투해야만 했다.

사실 자금이 부족한데 무모한 일을 했다고 생각하는 사람도 있었지만, 내 생각은 조금 달랐다. 심사숙고한 끝에 확신을 세우고, 결정을 내리고, 그에 대한 책임도 질 수 있다면 조금 무리해서라도 과감하게 진행하는 것이 곧 사업 자체의 추진력이 될 수도 있기 때문이다.

그렇게 판은 벌어졌다. 바로 그 화려한 광고를 보고 찾아오신 고객님들 앞에서 매장의 규모가 생각보다 작다는 이유로 위축되지 않을 각오부터 했다. 그분들께 자신감으로 승부수를 던져야 했다. 그렇게 만든 10평짜리 가게의 광고로 나는 지금까지 내 사업을 영위해나가고 있다.

이렇듯 매 순간 변화해나가면서 내 사업장을 객관적으로 바라보고 체크하고 개선해나갔다. 광고 제작 노하우도 조금씩 업그레이드한 끝에 광고 촬영을 어느덧 네 번째 하고 있다. 광고 콘셉트를 짜는 등 모든 작업에 내가 직접 참여한 결과 나날이 발전하는 동영상이 제작되고 있다.

사업을 하는 사람은 때로는 과감해야 한다. 남들에게 피해 주는 일을 하는 것이 아니라면 위축되거나 눈치를 볼 필요가 없다. 살아가면서 남을 의식하느라 괜히 혼자 자격지심에 빠진 결과 놓치는 것들이 얼마나 많은가.

'할 수 있다!'라고 생각해야만 큰일이든 작은 일이든 이루게 될 가능성이 높아진다. 세계적으로 유명한 학자나 사업가나 발명가도 우리와 같은 사람들이라는 사실을 잊지 말아야 한다. 그들이 우리와 달랐던 점은 '생각을 행동으로 옮겼다'라는 점이다. 실패한 사람들은 대개 '주저하기만 하다가 주저앉았다.' 인간이 새처럼 날고 싶다는 욕망을 발전시킨 결과 지금의 비행기가 생겼다는 사실을 기억하자.

"인간에게는 무한한 잠재력이 있다"는 철학자들의 명언을 들어보지 못한 사람은 없을 것이다. 그런데 사람들은 듣는 것으로 끝내버리고 만다. 나 역시 그랬었다. 마음속에 있는 불안과 자격지심과 남을 의식하는 행동이 우리의 무한한 잠재력을 다른 방향으로 잠식시켜버리기 때문이다. 특히 우리나라에서 여자로 사는 이들은 더더욱 그럴 것이다. 여자인 우리가 스스로 만들어낸 허상에 빠졌기 때문이기도 하다.

요즈음은 재력 있는 남편 만나 일하지 않고 편히 놀고먹는 여성을 부러워할 만한 시대는 아닌 것 같다. 동창들 모임에 가봐도 그런 친구들보다 자기 일이 있는 당당한 커리어우먼이 더 많은 부러움과 관심을 받는다. 특히 어린 시절을 같이 보냈던 초등학교 동창들은 어렵고 힘들었던 나를 봤었기에 더더욱 응원의 목소리를 높여준다. 물론 내가 하는 사업이 우리나라를 대표하는 여성 사업가들의 그것에 견줄 수는 없지만, 그래도 동창들은 당당한 내 모습을 좋아하는 것 같다.

나는 지금도 역시 '성공진행형'에 있고, 내 브랜드를 우리나라를 대표하는 가발브랜드로 성장시키기 위해 계속 최선을 다할 것이다. 나로 인해 이 땅의 중년들이 활력과 자신감을 가질 수 있도록 노력할 것이다.

사실, 내가 만든 가발 덕분에 머리 만지는 시간을 다른 유익한 일에 쓸 수 있다면 그 또한 나라 발전에 기여하는 것이 아니겠는가. 이렇듯 나는 내가 하는 일에 큰 의미를 부여하면서 큰 꿈을 그리는 습관이 생겼다. 그래서인지 내가 상상하는 대로 하나씩 이루어지는 경험을 하고 있다.

중년을 바라보는 40대에는 두려워하지 말고 과감하게 판을 뒤집을 궁리를 해야 한다. 남의 눈치만 보다가는 100세 시대에서 온전히 살 수가 없다. 지금도 나는 가끔 내 마음속에 존재하는 '어린 민아'를 떠올릴 때마다 가슴이 아련해진다. 부모의 이혼 때문에 어쩔 수 없이 살아야 했던 낯선 외갓집 대문 밖으로 살짝 나와 누군가를 하염없이 기다렸던 작은 아이 말이다. 어느덧 결혼해서 아이 넷을 키우며 강한 엄마가 되었고, 지속적인 자기계발로 변해가고 있다. 조금 더 멋진 여성이 되기 위해 나는 앞으로도 끊임없이 도전할 것이다.

5

불안과 두려움은
훈련으로 극복하라

　　　　　백화점에서 일하다 보면 소위 '부유층 사람'을 많이 접한다. 다 같은 사람인데도 왜 그들 앞에서 때로는 기가 죽을까? 백화점에서 근무할 때도 그랬지만 내 사업을 하는 지금도 가끔은 그렇듯 사람의 마음을 위축시키는 고객님들이 있다. 사회적으로 상당한 지위가 있는 사람들이 그러하다. 단순히 서비스 차원에서 섬김의 문제와는 별개인 것 같다.

　물론 실제로 '갑질 고객'이라 불리는 사람은 극소수에 불과하다. 부자들에게는 부자가 될 만한 이유가 있다. 즐거움을 희생하고 목표를 위해 끊임없이 노력한 결과니까 말이다. 특히 우리 매장을 찾으시는 고객분들은 대부분 사회적으로 어느 정도 정상궤

도에 오른 40대 후반 이상인, 건전한 부자들이다.

그들과 대화를 이어나가려면 쉬운 얘기로 '머릿속에 든게 많아야' 한다. 대화가 매끄럽지 않으면 판매원과 고객으로만 남을 것이다. 옷깃만 스쳐도 인연이라지 않는가. 나는 고객님들을 인간적으로 대하고 싶었고, 또한 그들에게서 배우고 싶었다.

특히 나보다 나이가 한 살이라도 많은 사람에게서는 반드시 배울 것이 있다고 본다. 더군다나 부유층 사람들이라면 분명 살아가는 방식이나 습관, 사고방식 등이 남다른 게 분명하리라 생각한다. 그래서 나는 연륜이나 사회적 위치로는 따라갈 수 없는 부분은 책을 통해 채워나갔다. 그런 노력 끝에 이제는 고객님들이 나와 인간적인 관계를 맺기를 원하시기도 한다.

많은 고객님들과 대화를 하면서 고객님들이 오히려 나를 어려워하고 계신다는 사실도 알게 되었다. 표현하지 않았을 뿐 당신의 헤어를 책임져주는 나를 구세주로 생각하시는 분들도 많았다. 그도 그럴 것이 가발 착용은 본인의 약점을 감추기 위함이니, 이런 문제를 잘 해결해주는 내가 어려우셨으리라. 물론 그분들도 속마음을 들키지 않으려고 안간힘을 쓰고 계시지만 말이다.

이렇듯 두려움은 자기 자신이 만들어낸 허상이다. 그런 깨우침을 얻은 순간 느낀 뿌듯함이란 이루 말할 수 없을 정도였다. 그 후에는 고객님들의 입장에서 더 많이 생각할 수 있었고, 내가 주인공이 되었으며, 사업은 마치 하늘로 날아오르는 독수리처럼 더욱 잘되기 시작했다.

가발업에 종사한 지 10년이 된 지금은 고객이었던 분들과 기쁘거나 슬픈 일을 함께 나누는 사이가 되어가고 있다. 그러면서 내 목표가 성공이었기에 부정적이거나 아무것도 시도하지 않는 사람들을 조금씩 멀리하기 시작했다.

좀 냉정해 보일 수도 있겠지만 부정적 에너지에 내 기운을 빼앗길 순 없었다. 성공하고 싶으면 성공한 사람들과 어울리라는 말에 나는 한 표를 던지고 싶다. 영어를 잘하고 싶으면 미국인과 자주 만나야 하는 것과 마찬가지다. 나는 지금도 고객님들에게서 배우고, 배운 것들을 실천하면서 나 자신을 발전시켜나가고 있다.

그러고 보면 내가 처음 고객님들을 응대하면서 느꼈던 두려움과 불안을 우리 직원들도 똑같이 느낄 것이다. 가발은 타 업종의 품목보다는 고가이므로 제품 권유 시의 말 실수 한 번이 매출에 타격을 줄 수 있다. 그래서 나는 직원들에게도 "항상 판매하려 들지 말라"고 말한다. 판매하려고 든다면 고객님들이 우리를 어려워하게 되기 때문이다. 그래서 "고객님들이 우리를 자신의 콤플렉스를 감싸 안아주거나 생활에 편의를 주는 사람, 즉 그들의 주치의 같은 편안한 존재라고 생각하게 해야 한다"고 강조한다. 물론 그러기 위해서는 진심으로 고객님들을 생각해야 하고, 내적으로도 성숙해야 한다.

육체적 건강이 체력 단련으로 만들어지듯, 정신적 건강도 교육·훈련으로 단단하게 만들어야 한다. 나 역시 일주일에 한 번씩 퇴근 후 리더십 학원에서 교육·훈련을 철저하게 받았다. 그곳에서 사람을 이끄는 힘과 과정과 기술 등을 지속적인 발표를 통해 훈련했다. 책에서만 얻을 수 있는 지식을 직접 행동으로 표현하는 훈련을 함으로써 내 역량을 최대한 발휘할 수 있었다.

핵심은 "두려움도 훈련으로 극복할 수 있다"라는 것이다. 태어날 때부터 노래를 잘하는 사람만 가수가 되는 건 아니지 않은가. 나도 몇 년 전에 지인 소개로 창唱을 배우러 다닌 적이 있었다. 스트레스 해소에도 도움이 된다고 해서 몇 달 다녔는데, 처음에는 선생님 앞에서 창피할 정도로 소리가 갈라졌다. 하지만 시간이 좀 지나자 제법 잘한다는 소리까지 들었다. 이 또한 연습을 거듭한 결과다. 정말 시간만 허락했다면 창으로 봉사하는 활동에 따라다녀도 될 정도의 수준까지 올라갔으리라.

전문가들도 불가능하다던 것들이 연습과 훈련을 통해 가능해진 경우들도 많다. 인류가 100미터를 10초 이내에 달린다는 것은 불가능하다던 적이 있다. 그러나 1968년 미국의 짐 하인즈 선수가 9초 59로 질주하면서 그 벽을 무너뜨렸다. 수십 년이 지난 후 우사인 볼트 선수는 상상을 초월하는 트레이닝을 통해 2009년 8월 16일 9초 58로 0.01초를 좁히면서 세계신기록을 수립했다.

그 어떤 것이라도 의지가 확고하다면 아주 작은 차이를 쫓아가며 극복해나갈 수 있다. 내가 전업주부로 마흔에 세상에 나왔을 때 느낀 두려움은 말로 표현할 수 없을 정도였다. 하지만 그 두려움의 벽을 허물지 못했더라면 사업을 해나가기가 힘들었을 것이다. 그래서 그때나 지금이나 매일 연습과 훈련을 거듭하고 있다.

내가 두려움을 극복한 방법 하나를 소개하면 아침에 출근해서 큰소리로 신문 사설을 읽는 것이다. 신문 사설은 제한된 글자 수 내에서 기승전결의 구도가 확실하다. 주장과 근거도 뚜렷하다. 그래서 신문 사설을 읽다 보면 생각이나 주장을 논리적으로 표현할 수 있게 된다. 하지만 바쁘다 보니 종종 빼먹는 날이 있었다. 어떻게 하면 빼먹지 않을까 궁리한 끝에 매일 아침 신문 사설을 읽어주는 유튜브 방송을 시작했다. 내 방송을 들어주는 사람이 단 한 명뿐이더라도 그 사람과의 약속을 지키기 위해서 방송을 시작한 날부터 지금까지 단 하루도 거르지 않았다.

처음에는 내가 들어봐도 오글거릴 정도로 어색했다. 유튜브에 업로드 시켜놓고도 아무도 듣지 않았으면 싶었을 정도로 자신이 없었다. 하지만 수개월이 지나자 꽤 자신감이 붙었다. 요즘에는 딱딱한 신문 사설을 읽어주기 전 '하루를 시작하는 성공 메시지'까지 더했다. 덕분에 이제는 어떤 모임이나 단체에서도 수월하게 사회를 진행할 수 있을 정도로 말이 술술 나온다.

어떤 일을 정해놓은 시간에 매일 꾸준히 하기는 쉽지 않다. 아이들도 주변 사람들도 왜 그렇게 힘들게 사느냐며 혀를 차곤 한다. 하지만 하루하루 변해가는 나 자신을 보는 기쁨이 그 힘듦을 잊게 해주기 때문에 오늘도 나는 그렇게 살아간다. 그럼으로써 아주 작은 차이가 큰 차이로 이어진다는 사실을 나는 깊이 실감하고 있다.

6

배움으로 자신감을 되찾고
삶의 기쁨을 누려라

삶은 서서히 바뀐다. 잘못되었다는 걸 알아차리는 순간부터 하루하루가 모여 괜찮은 삶으로 바뀌는 것이다. 문제를 인식하는 것 자체가 답을 찾는 과정이기도 하다.

누구에게나 돌이켜보면 후회스러운 일이 있다. 내가 부족하고 철이 없어 잘못 판단했던 경우들이 지금은 아쉬움을 남기지 않는가.

여자 나이 마흔이면 인생에 대해 어느 정도 깨우친다고 한다. 하지만 나이를 먹으면서 미흡했던 일들이 더 늘어나는 것 같다. 앞으로 먼 훗날까지 산다면 더 그렇지 않을까? 그래서 이 또한 인간이 성숙해가는 과정이라 생각하기로 했다. 지난날들을 오히려 발전의 계기로 삼기로 한 것이다.

나는 철없을 때 결혼해서 상대방을 이해하거나 배려하지 못했다. 상식 운운하며 남편을 이기려고만 했었다. 때로는 서로에게 마음의 상처를 내고 불빛 없는 긴 터널을 지나는 듯한 시간을 보내기도 했다. 아이들을 넷이나 키운다는 이유로 나만 힘들다고 생각했다. 그런 내가 사회생활을 하면서 비로소 애들 넷인 아빠·남편의 어깨가 얼마나 무거웠는지 알게 되었다.

처음 창업했을 때는 '내 일을 하는 멋진 여자'로 성공하고 싶은 마음뿐이었다. 하지만 창업하고 얼마 뒤 남편이 잠시 일을 그만둔 시기가 있었다. 하필이면 세월호 사건과 메르스 사태로 매장 사정이 상당히 어려웠던 때였다. 그로부터 몇 개월간은 내가 가족의 생계를 책임져야 했던 것이다. 그때 비로소 남편을 이해할 수 있었다.

남편도 분명 직장에서 힘든 힘든 일이 있었고, 생활비를 부족하게 내놓아야 할 경우도 있었을 것이다. 하지만 남편은 한 번도 내색하지 않았다. 대신 술로 자신을 위로했던 것 같다. 그런 사실도 모르고 나는 바가지를 긁었으니, 그때마다 남편이 얼마나 힘들었을까 싶다. 내가 겪어본 다음에야 비로소 이런 사실을 깨달은 것이다. 아직도 가부장적인 우리 사회에서는 남성들의 어깨가 더 무거울 수 밖에 없다.

남편은 외아들이라 부모님의 사랑을 듬뿍 받고 자랐다. 그런데 결혼하고 어느 날 네 아이의 아빠가 되었으니 어찌 힘들지 않았겠는가. 그때 남편에게 좀 더 희망과 용기를 주는 말을 많이 했더라면, 출근할 때 어깨라도 한 번 더 토닥거려주었더라면 하는 아쉬움이 남아있다.

이런 내가 어떤 책을 읽고 바로 행동으로 옮겼던 대표적인 경우가 있었다. 보험설계사에 지원했던 일이다. 지금으로부터 13년 전 일로 아이들도 어렸고 시댁 어르신들과 남편의 반대도 심했지만, 이를 무시하고 무모하게 한 도전이었다. 보험 판매왕이 쓴 책을 우연히 접하면서 내 안의 호기심이 들끓었던 결과였다. 그 책에는 나와 같은 주부가 보험업계에 들어가서 억대 연봉을 받기까지의 과정이 상세하게 써있었다. 그 책을 읽을수록 나도 해낼 수 있을 것만 같았다.

우리나라 굴지의 기업인 S생보사의 본사에 전화를 걸어 지원 의사를 밝혔다. 곧바로 집에서 가까운 지점의 지점장이 전화를 걸어왔다. 그때부터 나는 이미 억대 연봉의 화려한 커리어우먼이 된 내 모습만 상상했다. 하지만 불과 3개월도 안되어 내 꿈은 산산이 부서지고 말았다.

당시 큰아이만 초등학교에 다녔고, 나머지 세 아이는 어린이집과 유치원을 다녔다. 막둥이가 13개월이라 이제 막 걸을 시기였다. 남편은 하루하루 못마땅해했고, 아이들은 너무 어렸기에 시위라도 하듯 하루가 멀다하고 잔병치레를 하기 시작했다. 그런 상황에도 책에서 본 내용에 힘입어 꾸역꾸역 출근하며 회사의 시스템대로 움직였다. 무엇보다 사회의 일원이 된다는 것 때문에 너무 행복해서 회사의 교육에 충실했다.

하지만 가족 빼고는 단 한 명의 연고도 없는 낯선 지역으로 시집온 나에게는 보험영업의 벽은 너무 높았다. 교육받은 대로만 하면 다 이루어질 것 같았는데, 결국 3개월도 안 되어 형편없이 주저앉고 만 것이다. 그렇게 나는 결혼 후 첫 사회생활에서 쓰디쓴 고배를 마셨다.

나는 그 뒤부터 영업직에 종사하는 사람들을 예사롭게 보지 않았다. 하루하루 자기 자신과의 싸움에서 이기는 모습을 볼 때마다 정말 대단해 보였고 존경스럽기까지 했다.

그들과 달리 나는 보험영업을 제대로 해보지도 못하고 포기했다. 하지만 그때 받았던 교육이 지금 내가 사업을 성공적으로 이끌어가는 원동력이 되었다. 특히 고객 응대 메뉴얼 교육 과정은 그 어떤 교육과도 견줄 수 없는 상당히 훌륭한 경험으로 남았다.

그렇다. 누구에게나 이처럼 실패의 경험이 있을 것이다. 물론 실패했을 때의 자존심 상함과 좌절감이란 이루 말할 수 없다. 하지만 그런 실패에서 얻어낸 교훈들은 어쩌면 또 다른 성공의 밑거름이 되기도 한다.

어쨌든 나의 짧은 경험과 도전이 실패로 끝나긴 했지만, 그 당시의 절박함은 평생 잊지 못할 값진 경험이 되었다. 아무런 스펙도 경력도 없는 전업주부가 사회에 나와야 한다면 영업 일에 한 번쯤 도전해보는 것을 추천하고 싶다. 세상이 만만치 않다는 교훈과 함께 정신력 강화에도 많은 도움이 될 것이다. 이겨내면 프로 세일즈우먼이 될 것이고, 주저앉더라도 그 경험 자체가 다음 도전에 큰 밑거름이 될 것이다. 실패를 감추기보다는 실패를 살리는 사람이 되려고 노력한다면 말이다.

실패를 딛고 일어난 사람의 대명사로는 앞서도 소개했던 KFC의 창업자 할랜드 샌더스를 들 수 있다. 샌더스는 "2년간 오직 거절당하는 일에만 종사했다"라고 한다. 샌더스의 인생은 고달픔의 연속이었다. 어린 나이에 아버지를 여의고, 어린 동생들을 돌봐야 했다. 들어가는 회사마다 결국 해고를 당했다. 어떤 일을 해도 실패했다. 50대에 접어들어 주유소 곁에 차린 '샌더스 카페'는 한동안 호황을 누렸으나, 새로운 고속도로가 나는 바람에 문을 닫아야 했다.

환갑이 넘은 나이에 남은 것은 105달러와 낡아빠진 포드 승용차 한 대뿐이었다. 잠은 승용차에서 자고, 세면은 공중화장실에서 해결하고, 식사는 손수 만든 닭튀김이 전부였다. 손수 만든 닭튀김을 제시하는 그를 레스토랑 주인들은 미친 사람 취급했다. 구정물을 뒤집어쓰기도 했다. "이제 곱게 쉬십시오"라는 설교도 들어야 했다. 무려 1,009번이나 거절을 당한 뒤에 어느 유명 햄버거 체인점에서 그의 레시피를 지원해주어 햇빛을 보게 되었다. 그렇게 KFC를 창업했다.

이렇게 세계적으로 유명한 사람들은 실패경험에서 배우고 자각했다. 큰 성공을 한 사람은 그 정도의 큰 좌절과 실패에 강했고, 또한 큰 노력을 한 것이다. 마찬가지로 평범한 사람들은 평범한 노력을 한 사람들이라고 생각하면 맞을 것이다.

어떤 일을 새롭게 시작할 때 실패가 두렵다면 아예 '어차피 저항은 따른다!'라고 생각하자. 작은 일에는 작은 저항이 따르고, 큰일에는 큰 저항이 따른다. 그린 생각을 하고서 일을 시작하면 크고 작은 위기에 얽매여 고통스러워하지 않아도 된다. 큰 업적을 이룬 사람은 그 정도의 큰 저항을 뚫은 사람이라는 걸 명심하자.

씨앗을 심으면 저절로 싹이 트고 자란다고 생각하는 이들이 많다. 그러나 씨앗이 땅 속에서 껍질을 찢고 나오려면 수분을 흡수하면서 힘들게 용트림을 할 것이고, 싹을 틔우기까지는 땅을 뚫기 위해 수없이 반복하며 노력한다고 식물학자들은 말한다.

성공한 사람들은 앞에 소개한 이들처럼 노력으로 성공했고, 실패에서 교훈을 얻었다. 우리 역시 살아가면서 어쩔 수 없이 찾아오는 실패 앞에서 더욱 강해져야 할 것이다. 그래서 나는 가정에서든 일에서든 후회스러운 지난 일에 얽매여 속상해하지 않기로 했다. 하루하루 진화하기 위해 노력하기로 했다.

지금 이 순간이 중요하다. 그리고 앞으로가 훨씬 더 중요하다. 그래서 나는 지금 웃을 수 있다.

7

정부에서 시행하는 제도를
인생의 터닝포인트로 활용하라

      내가 10년 전 취득한 미용사 자격증이 이렇게 큰 부가가치를 창출하리라곤 생각지 못했다. 지금은 가발사업을 하느라 바쁜 일상으로 하루하루가 어떻게 지나가는지도 모른다. 정작 금쪽같은 내 새끼들 머리 손질은 미용실에 맡길 정도다. 대전으로 시집와서 내 이름을 걸고 나름 업계에서 꽤 알아주는 가발사업을 하게 될 줄이야.

  대전 지역에서만 내가 손질해드리는 부분가발 또는 멋내기용 가발을 꾸준히 착용하시는 고객님만 3,000분 정도 되는 것 같다. 휴가 안내 문자메시지나 명절·휴일 안내 문자메시지를 드려야 하는 고객님은 5,000분 정도다. 창업 후 매년 꾸준히 확장해

왔지만, 앞으로 더 많은 고객님들이 방문해주시리라 예상되기에 확장은 계속될 것 같다.

그러나 시작은 절절했고, 여기까지 오기 위해 노력 아닌 노력을 하기도 했다. 그렇지만 무엇보다도 내가 디자인해드린 제품에 열광해주신 고객님들이 주연을 맡아주셨다는 내 생각은 변함이 없다. 나는 내 나이 딱 마흔이던 10년 전에 국가에서 비용을 보조해주는 제도를 이용해서 미용학원에 다니게 되었다.

지금도 비슷하지만, 그 당시 미용 관련 자격증반은 국가보조금을 80퍼센트나 지원받았으니 나머지 20퍼센트만 본인이 부담하면 되었다. 그 20퍼센트의 본인부담금도 따로 지원받는 교통비로 충당했다. 물론 학원비가 워낙 고가라 국가에서 지원을 받지 못했더라면 도전하기 힘들었을 것이다.

나와 같은 전업주부들이 사회에 나오기 위해 이것저것 하겠다고 다짐한다. 하지만 실행하지 못하는 이유 중에는 경제적 이유도 분명 있을 것이다. 그렇다고 포기할 필요는 없다. 우리가 조금만 신경 쓰면 꽤 유용한 국비지원제도를 찾을 수 있으니까.

그렇다. 조금만 더 노력하거나 구하고자 한다면 뭐든지 이룰 수 있는 세상이다. 단지 머리로만 생각하고 행동으로 옮기지 않아서 문제다. 적극적으로 알아보고 파고들면 이룰 수 있는 것들이 많은데도 말이다.

우리 매장과 5년째 인연을 맺어온 여성 고객님이 있다. 완벽한 전업주부로만 살다가 얼마 전 아파트 관리소장으로 취업하셨다. 2년 정도 주택관리사 시험 준비를 한 끝에 합격했다는 것이다. 그분 역시 나처럼 결혼 후의 출산과 육아로 인해 경력이 단절된 여성이었다. 그러나 2년간 얼마나 열심히 준비하셨는지 준비 기간에 대해 절절한 에피소드를 얘기하시는데, 정말 대단하다는 생각이 들었다.

흔히 아파트 관리소장 하면 중년 남성을 떠올리는데, 사실 여성도 꽤 많은 비중을 차지하고 있다. 경력은 상관없다. 고졸 이상이면 국가에서 시행하는 주택관리사 시험에 응시할 수 있고, 합격하면 누구나 아파트 관리소장 자리에 도전해서 취업할 수 있다.

물론 생소한 과목의 시험이 쉽지만은 않을 것이다. 하지만 누군가는 이루어내고 있다. 그 누군가가 내가 되지 말란 법도 없다. 정말 절박하게 하루하루 노력하면 반드시 목표에 도달해있을 것이다.

주택관리사 학원 국비지원제도는 현재 재직자만 이용할 수 있는 것으로 알고 있다. 하지만 국비를 지원받지 못하더라도 책만 구매한다면 얼마든지 공부할 수 있다. 무료 강의를 들을 수 있는 인터넷 사이트들이 많기 때문이다.

"구하라, 그러면 너희에게 주실 것이요. 찾으라, 그러면 찾을 것이요. 문을 두드리라, 그러면 너희에게 열릴 것이니"라고 하지 않았던가. 나는 이 《성경》 구절을 정말 좋아한다. 간절히 소망했던 꿈들이 하나씩 하나씩 이루어지고 있기 때문이다.

나는 미용사 자격증을 취득하면서 내 인생의 터닝포인트를 맞이했다. 겁 없이 뛰어든 보험업계에서 쓰디쓴 실패를 맛보고 낙심한 뒤였다. 그땐 나같이 스펙 없는 전업주부는 할 일이 없다는 실망감만 가득하던 시절이었다. 하지만 국가에서 지원해주는 프로그램을 만남으로써 힘을 얻고 다시 일어난 것이다. 지금은 내 사업을 남부럽지 않게 당당히 꾸려나가고 있다.

고용센터에 방문하거나 워크넷 홈페이지 등에 들어가면 보다 다양한 정보를 접할 수 있다. 누구에게나 기회는 다양하게 주어진다. 머뭇거리지 말라. 행동으로 옮기는 자와 그렇지 않은 자의 격차는 실로 엄청나다.

어떤 일을 선택할 때 자신을 온전히 믿고서 밀고 나가야 한다. 큰 뜻을 이루려면 그동안의 삶의 패턴을 완전히 바꾸는 결단이 필요하다. 나의 현실은 내 마음상태에 따른 결과다. 즉, 내 믿음대로 사는 것이다. 믿음대로 느끼거나 생각하는 것들이 현실로 나타나는 것이다. 절대로 우연은 없다.

돌이켜보면 과거의 내가 생각했던 것과 믿음이 지금의 내 모습이지 않은가. 잊지 말아야 하는 건 '밝음은 반드시 어둠이 배

경일 때 존재한다'라는 것이다. 뭔가에 도전하는 과정에서 크고 작은 어려움에 연연하지 말아야 한다. 고통이 있어야 낙도 있기 마련이다. 그렇게 생각해야 순간순간마다 지혜로워질 수 있지 않을까?

나는 가정 형편상 대학교육을 중도에 포기할 수밖에 없었다. 지금 생각하면 순전히 내 의지가 약했기 때문이었다고 보는 편이 맞겠다. 시간제 아르바이트를 하든지 공부를 열심히 해서 장학금이라도 받아 학업을 마쳤어야 했는데, 그렇게 하질 못했으니까 말이다. 그래서 나는 지난날을 회복하고자 47세에 다시 대학공부에 도전했다.

우리나라에는 고졸학력자들과 대학중퇴자들을 위한 학점은행제가 있다. 이 제도로 대학 졸업장 격인 학사 학위를 취득할 수 있다. 나는 2년 반 동안 장기 릴레이를 했고, 이제 졸업을 앞두고 있다. 내년에는 석사 과정에 합류할 예정이다. 멀리 있는 높은 산처럼 보였던 대학 과정에 발을 들여놓았더니 어느새 한 봉우리 한 봉우리 올라가 정상에 도달한 것이다.

나는 매주 화요일마다 대전대학교에서 온종일 수업을 듣는다. 교수님들과 비슷한 연령대이다 보니 유대관계도 돈독해졌다. 교수님 중에는 나처럼 뒤늦게 공부를 시작하신 분들이 많았다. 출산 후 우울증을 극복하기 위해 시작한 공부로 박사 과정까지 이

수하고 강단에 서신 교수님, 화장품회사의 방문판매사원으로 일하시다가 공부를 시작하신 교수님, 은행원으로 근무하시면서 대학 강의를 목표로 공부해 결국 교수님까지 되신 훌륭한 분들이 많았다. 이렇듯 내가 구하려는 게 있어 열심히 노력하는 현장에서는 반드시 열심히 살아가는 좋은 분들을 만나게 된다. 그분들을 존경하는 마음으로 동행하다 보니 벌써 졸업이 가까워졌다.

새로운 일에 도전한다는 것에는 두려움이 따른다. 게다가 사람은 누구나 변화에 예민하기에 되는 조건보다 안되는 조건을 앞세운다. 나 역시 아이들만 키우다 사회에 나왔을 때는 포기하려는 마음과 계속 싸워야만 했다. 아무리 자신만만해 보이는 사람이라도 마찬가지일 것이다. 단지 그것을 표현하는 사람과 그렇지 않은 척하는 사람, 이렇게 두 부류로 나뉘는 것일 뿐이다.

나는 다른 사람들의 눈에 당당해 보이는 것이 훨씬 낫다고 생각하기에 당당해지기로 했다. 그렇게 하는 편이 업무에도 많은 도움을 주었다. 그러나 매사에 주저하거나 새로운 것을 받아들이지 못하는 사람들이 있다. 이는 용기의 결여에서 나오는 것이다. 이런 사람들은 좀 더 강해지기 위한 다음과 같은 훈련과 연습이 필요하다.

어렵거나 주저하게 될 때마다 나는 주로 이 방법을 선택한다. 눈을 감고 큰 심호흡을 하면서 '할 수 있어! 딱 한 발자국만 앞으로 더 내딛는 거야!' 이렇게 마음속으로 외치고서 일단 실행에 옮긴다. 생각보다 꽤 효과적이다. 이렇게 했을 때 내가 하고자 했던 것 중 90퍼센트 이상을 이루었던 것 같다.

시작이 반이라고 했다. 일단 실행하면 못 이룰 것은 없다. 이미 큰 업적을 이룬 사람들도 모두 우리와 똑같은 사람이라는 사실을 다시 상기하라. 새로운 일은 위험이 따르지만, 그 위험을 즐기고 넘길 수 있는 대담함도 성공을 위해서는 필요하다. 새로운 일에 대해 확신을 가지고, 그럼으로써 자신감이 생긴다면 그 위험을 줄여나갈 수 있다. 그러니 빨리 판단하고 실행해보자.

Chapter

5

이렇게 사업하면
절대 망하지 않는다

1

내 사업장은
내가 직접 마케팅하라

창업하거나 사업을 하는 이유는 대개 현재 내 상황보다 많은 수익을 창출하기 위해서일 것이다. 수익을 창출하려면 당연히 많은 고객을 창조해야 한다. 물론 기존 거래 고객도 유지하는 활동이 뒷받침되어야 하겠지만 말이다.

내가 생각하는 마케팅은 고객을 창조하기 위한 노력이자 그 고객을 유지하기 위한 활동이다. 내 상품을 홍보하기 위해 나는 '가치'에 중점을 두었다. 가발을 판매하기보다는 '자신감과 멋스러움'을 판매하는 것이다. 고객님들 역시 가발을 구매하는 것과 동시에 자신감을 되찾기를 원한다. 고객님들은 기대가 충족되면 큰돈도 흔쾌히 쓴다.

사업을 하고자 할 때는 뚜렷한 목표가 있을 것이다. 그렇다면 그 목표가 얼마나 중요한지를 열변을 토하며 설명할 수 있어야 한다. 입에서 침이 튈 정도로 자신 있게 설명할 수 없다면 다시 생각해봐야 한다. 긴가민가하면 절대로 성공하기 어렵기 때문이다. 자기주관이 뚜렷하고 확실한 의지가 있어도 창업 후에 살아남기 힘든 세상이다. 내가 하려는 사업이 그만큼 중요하다는 걸 인식했을 때 내 사업에 대한 적극적인 마케팅 방안도 나온다.

내 사업장의 마케팅은 내가 직접 해야 한다. 내가 이 일을 해야 하는 이유가 분명하고 확고하다면 고객을 끌어들일 수 있는 마케팅 방법 또한 특별할 것이니까 말이다. 물론 전문가들의 조언도 반영해야겠지만, 핵심은 '나'로부터 나와야 한다.

목적과 이유가 분명하다면 상대방의 입장으로 완전히 돌아가서 마케팅 아이디어를 짜낼 수 있다. 즉, 역할극을 하듯 온전히 고객의 입장으로 들어갔을 때 완벽한 마케팅 아이디어를 내놓을 수 있는 것이다. 내가 궁금한 만큼 고객의 궁금증을 해소해줄 수 있어야 하고, 내가 누리고 싶은 만큼 고객도 누릴 수 있게 해줄 수 있어야 한다.

나는 공부를 하기 위해서만 도서관에 가지는 않는다. 생각할 것이 있거나 매장 홍보 방안이 잘 나오지 않을 때도 도서관을 찾는다. 온전히 몰입할 수 있기 때문이다. 나는 조용한 도서관에 앉아 스케치북에 아이디어를 그리거나 쓴다. 또 나를 브랜드화

할 수 있는 유튜브 마케팅과 블로그 마케팅도 공부한다.

물론 처음에는 모든 것이 생소했다. 심지어 '역시 전문가들만 할 수 있는 것인가' 싶었다. 그렇지만 하루하루 파고들다 보니 나처럼 SNS마케팅의 문외한이라도 충분히 할 수 있는 것들이 많다는 사실을 알게 되었다. 모르면 관련 서적을 찾아보고, 알게 될 때까지 검색하며 직접 시도했다. 이제는 나 혼자서도 잘해내고 있다.

인터넷이라는 '정보의 바다'를 활용하지 못한다면 영원히 도태된다. 물론 아웃소싱이 필요한 분야도 있다. 하지만 내 사업장에 대한 홍보를 하거나 나를 브랜드화하기 위해서는 내 사업장에 대해 가장 잘 아는 내가 직접 챙겨야 한다.

오늘날에는 수시로 변해야 성장할 수 있다. 하지만 유일하게 변하지 않는 것이 있다. 그것은 '변화한다'라는 사실이다. 그런데 변화가 필요할 때마다 남에게 부탁하는 건 시간 낭비다.

안된다고 생각하지 말라. 머리 아프고 복잡한 일이라고 생각하지 말라. 이제부터는 직접 해보고 시도해야 한다.

나는 애프터마케팅으로 고객님들에게 접근했다. 상당히 큰 효과도 봤다. 애프터마케팅이 뭐냐고? 사후 관리가 꼭 필요한 제품을 팔면서 사후 서비스인 A/S에 더 집중하는 것이다. 그렇게 최선을 다했더니 한 고객에게서 다른 고객에게로 입소문이 빠르게

났다.

입소문의 힘이 지금의 나를 있게 했다. TV광고나 SNS마케팅 역시 다른 사람들의 입소문이 더해지면 몇 배의 효과가 난다. 그러나 특별한 서비스를 내세워놓고 이미지 관리를 하지 않는 업체의 광고는 그 효과가 일회성으로 그친다. 특히 TV광고는 상당한 비용이 드는데, 이런 TV광고를 하고서도 찾아오는 고객님들을 만족시키지 못하는 서비스를 제공한다면 돈만 버리는 셈이 아니겠는가.

"최고다! 훌륭하다!"라는 말이 고객의 입에서 나올 수 있게 하려면 무엇을 해야 할까? 다시 강조하는데, '입소문'에 주목해야 한다. 물론 A/S만을 잘한다고 해서 입소문이 잘 퍼지는 것은 아니다. 친절한 서비스와 판매 후 지속적 관리는 당연히 갖춰야 할 조건이다.

고객의 눈높이와 판매자의 눈높이를 맞춰 공감 능력을 형성해야 한다. 공감 능력이란 상대방이 무엇을 느끼고 생각하는지 아는 힘이다. 고객이 판매자와 공감대를 형성해줘야 다른 고객에게 입소문도 내주는 법이다. 고객과의 공감대 형성은 거래가 이루어지기 전에 끝나야 한다.

고객들은 큰 기업에서는 진심이나 따뜻한 인간관계를 애당초 기대하지 않는다. 반면에 내 사업장처럼 작은 규모의 가게에서는 사장이나 직원들의 인간적인 면을 본다. 내 돈을 쓰면서 불편하고 껄끄럽게 왕래하고 싶은 사람은 아무도 없다. 거래에 인간적인 요소가 더해지면 훨씬 수월하게 진행된다. 결혼을 결심한 남성들도 대단한 미인보다는 인간미 넘치는 따뜻한 미소의 여성을 더 선호한다지 않는가.

특히 모든 거래에서는 첫인상이 중요하다. 마주 보는 것이 아니라 고객이 "저 판매자는 나하고 같은 방향을 바라본다"라고 느끼게 해야 한다. 그랬을 때 거래는 90퍼센트 이상 성사된다. 그때부터는 "내 실력이 고객님을 충족시켜드릴 수 있습니다"라는 확신을 심어주면서 리더십을 발휘하면 된다.

어떤 업종이든 수요가 포화된 오늘날과 같은 상황에서는 고객 수를 늘리는 것이 중요하다. 하지만 그보다는 고객 한 사람 한 사람과의 관계를 더 중요하게 생각해야 한다. 특히 한국인의 '정情'이라는 정서를 잘 이해해야 할 것이다.

일단 어떤 일을 막론하고 그 일에 승부수를 던지려면 남들과의 차별화를 확실하게 해야 한다. 큰돈이 든다거나 크게 힘든 일도 아니다. 김밥집을 운영한다 치자. 아침 일찍 김밥을 사러 온 청년에게 "에구, 아침을 못 먹었구나!" 하고 걱정 어린 따뜻한 말 한마디라도 건네는 것과 그냥 계산만 하는 건 천지 차이가 난다.

한국 사람은 '정'에 약하다. 정이 담긴 말을 들은 순간 다음 날 또 찾거나 일부러라도 다시 가고 싶어한 적은 누구에게나 있을 것이다. 작은 가게의 성공은 어떤 특별함보다는 사소한 것 하나라도 더 챙겨주고 신경 써주는 것에서 시작된다.

나는 창업 후부터 지금까지 '기존 거래 고객 이탈률'을 수시로 체크한다. 다행히 오픈 이래 지금까지 90퍼센트 이상의 기존 거래 고객님들을 유지하고 있다. 신규 고객 창출도 중요하지만 기존 거래 고객 유지는 더욱 중요하다. 한 번 빠져나간 고객을 다시 오게 하기가 지극히 어렵기 때문이다.

신규 고객을 창출하는 것은 기존 거래 고객을 유지하는 것보다 몇 배 더 어렵다. 특히 우리 매장은 신규 고객이 줄어드는 비수기가 있다. 더위가 기승을 부리는 한여름의 2개월 정도가 그러하다. 그럴 때마다 기존 거래 고객님들이 매장 운영을 할 수 있게 해주시고 있다.

비수기가 왜 있냐고? 여름이 가발을 처음 접하시는 분들에게는 부담이 되기 때문이다. 공기가 습하다는 점과 땀으로 인해 가발 관리가 어렵다고 생각하는 점이 그것이다. 하지만 부분가발의 유용성을 아시는 기존 거래 고객님들은 습해서 쉽게 가라앉는 정수리 볼륨 때문에 여름에 더 필요하다고 하신다. 요즘에는 뜨거운 여름에도 거의 곳곳에 냉방시설이 잘되어있으니 그다지 불편함은 없다.

나 역시 한여름에도 부분가발이 없이는 외출하기를 꺼린다. 그만큼 부분가발의 활용은 아름다움에 대한 간절함과 편리함이 맞물려있다. 그래서 나는 더위가 시작되는 6월 말부터는 기존 거래 고객님들을 위한 이벤트나 할인 행사를 적극적으로 하고 있다.

영국 런던 대학교의 교수였던 토머스 헉슬리는 "인생의 중요한 목적은 지식이 아니라 행동이다!"라고 말했다. 이제는 행동이 필요하다. 처음 창업하거나 지금 운영하는 내 사업장을 불황이 없는 곳으로 만들려면 보다 적극적으로 나만의 마케팅을 해야 한다. 즉, 보다 적극적으로 행동하는 마인드가 필요한 것이다. 거듭 말하는데, 다른 사람들이 힘들다고 하는 상황에서도 도전하고 개척해나가는 정신이 필요하다.

실패와 좌절의 원인을 빨리 파악하고서 개선하려고 노력해야 한다. 내 사업장은 "현재 이런 상황에 있으며, 미래에는 이렇게 되어야 한다"는 식의 구체적인 그림을 그리면서 목표를 뚜렷하게 한다면 행동으로 옮기기가 쉽다. 그래서 안정을 선호하는 사람은 실패할 확률이 높다. 새로운 것을 시도하지 않으려는 안이한 자세로 사업장을 운영하기 때문이다.

앞서 말했듯이 업종을 막론하고 수요가 포화상태인 오늘날, 남들과 똑같은 마케팅으로는 절대 살아남을 수 없다는 사실을 명심해야 할 것이다.

2

대기업의 경영 방식을
벤치마킹하라

작은 사업체를 운영하더라도 대기업의 방식을 모방해야 한다. 어차피 언제까지나 작은 사업만 하라는 법은 없지 않은가. 한 방울의 물방울들이 모여 큰 강을 이루고 바다를 이룬다. 그리고 처음에는 누구나 미약하게 시작한다. 하지만 그 사람의 마음가짐이나 운영 방식에 따라 큰 기업을 이루는 경우가 많다.

나는 이왕이면 큰 꿈을 그리며 살고 싶다. 나로 인해 많은 사람이 행복했으면 좋겠고, 더욱 자신감을 갖고서 살아갔으면 좋겠다. 나는 백화점의 가발매장에서 판매원으로 근무했을 때도

'백화점에 들어오는 모든 고객이 머리에 옷을 입고 다녔으면 좋겠다'라고 생각했다. 또 본사 영업 회의에 참석했을 때도 "꼭 그런 날이 올 때까지 최선을 다하겠습니다!"라고 포부를 밝혔다.

내 사업장을 운영하는 지금도 그런 생각에는 변함이 없다. 날이 추우면 따뜻한 옷을 입고, 눈이 나쁘면 안경을 쓰듯이 헤어스타일을 예쁘게 하려면 머리에도 옷을 입어야 한다. 많은 사람이 생각하는 가발에 대한 어색한 고정관념을 내 사업을 통해 완전히 바꾸고 싶다. 그래서 나는 생각의 틀을 바꿈으로써 성공한 업체들의 방식을 벤치마킹한다. 작지만 힘찬 날갯짓이 언젠가는 누구도 따라올 수 없는 독수리의 비상이 되리라는 꿈을 꾸면서 말이다.

잘나가는 기업이나 가게를 보면, 반드시 그들만의 성공 비법이 있다. 그러한 성공 비법을 알아내어 내 사업에 반영하려는 노력을 반드시 해야 한다. 그리고 무조건 따라하기보다는 상황에 맞춰 벤치마킹해야 한다.

내가 백화점에서 근무했던 경험은 내 사업장 운영에 큰 도움을 주고 있다. L그룹의 대형 백화점에서 받았던 체계적인 직원 서비스 교육을 토대로 고객님들에게 질 높은 서비스를 하나도 빠뜨리지 않고 제공하려고 노력한다.

다양한 사람들이 같은 제품을 사더라도 가격이 비싼 백화점을 찾는 이유는 분명 있다. 질 높은 서비스와 조금이라도 더 나은 대우를 받으며 편리하게 쇼핑을 하고자 하는 심리 때문이다. 그리고 제품에 하자가 있으면 A/S 등을 신속하고 친절하게 받을 수 있기 때문일 것이다. 그래서 나 역시 우리 매장을 찾는 모든 고객님들에게 백화점에서 받을 수 있는 수준의 최상의 서비스를 제공하려고 노력하고 있다. 아울러 나나 직원들의 복장이나 말투 또한 신경 쓰고 있다.

함께 일하는 직원들에게도 내가 백화점에서 받은 서비스 교육 내용을 전해주면서 다 함께 실천하도록 노력하고 있다. 상대방을 조금 더 높여서 대해주는 것 자체가 나 자신을 한 단계 업그레이드시키는 것과 마찬가지기 때문이기도 하다. 그렇게 상대방을 높여서 대해주는 것이 습관이 되다 보니 고객님들 역시 우리를 존중해주신다.

선두 기업들이나 큰 가게들의 시행착오, 강점과 약점을 벤치마킹하여 활용하는 재미는 꽤 쏠쏠하다. 더군다나 요즘에는 어느 특정 분야의 우수한 업체를 선별하고, 그 업체의 본받을 점만 골라내는 일을 스마트폰으로도 충분히 할 수 있으니 얼마나 편리한가.

몇 년 전 가와시마 요코의 책 《세상에 없는 트랜드를 만드는 사람들》을 읽었다. 122년의 역사를 자랑하는 일본 이세탄 백화점의 성공 노하우를 담은 책이다. 이세탄 백화점은 일본 백화점 업계가 마이너스 성장을 계속하는 와중에도 플러스 성장을 지속했다. 일본의 모든 백화점이 망해갈 때 이세탄 백화점은 혼자 대박을 친 것이다. 왜 이세탄 백화점만 대박을 쳤을까? 궁금했던 경쟁사들은 이세탄 백화점의 경영 전략을 조사했다.

이세탄 백화점의 직원들은 고객이 구매하지 않고 매장을 나가면 반드시 그 고객에게 "무엇이 불만스러우셨나요? 어떤 스타일, 어느 정도의 가격대, 어느 정도의 서비스를 원하시나요? 개선할 점은 무엇일까요?"라고 자세히 물어 메모한 뒤 보고했다고 한다. 경영진에서는 그 메모를 토대로 머리를 모아 다음 날의 경영 전략을 세웠다. 그리하여 그 다음 날의 이세탄 백화점은 전혀 다른 백화점이 되었다.

'하루하루가 새로워지는 기분'과 백화점을 찾을 때마다 '뭔가 있을 것 같다고 느끼게 해주는 이세탄 백화점의 전략이 대박의 이유였던 것이다.

많은 사람들은 잘나가는 기업이나 성공한 사람의 겉만 보고 막연히 부러워한다. 그렇지만 그들이 성공한 정도와 그들의 노력은 정확하게 비례한다.

불황에도 손님이 줄 서서 기다리는 식당들을 보라. 그런 식당의 사장님들은 새벽부터 나와서 하루를 준비하는 등 남들보다 수십 배의 노력을 기울인다. 새벽부터 농수산시장을 누비며 직접 재료를 선택하고, 아무도 출근하지 않은 주방에서 홀로 구슬땀을 흘린다.

큰 성공을 원한다면 그런 분들이 걸어온 시간을 거슬러 올라가봐야 한다. 그리고 그만큼에 몇 배를 더한 노력이 필요하다. 내 사업장이 잘되기를 원한다면 잘나가는 사람들이 보이지 않는 곳에서 했던 피나는 노력까지 봐야 한다.

메가스터디 대입 컨설팅센터의 김성오 부회장의 저서 《육일약국 갑시다》를 모르는 사람은 거의 없을 것이다. 이 책이 나온지 10년이 훨씬 더 지난 지금도 경영서로서 사랑받는 이유는 뭘까? 김성오 부회장은 서울대학교 약대를 졸업한 '약사 출신 경영인'이다. 현재는 학부모들에게 널리 알려진 온라인 교육업체이자 코스닥에서 대박을 터뜨린 기업의 오너다.

김성오 부회장은 1980년대에 마산에서 600만 원의 빚을 내전국에서 제일 작은 4.5평짜리 약국을 개점했고, 그 자그마한 약국을 3년 만에 마산의 랜드마크로 만들었다. 그런 김성오 부회장도 손님이 너무 없어 빚진 600만 원의 2부이자조차 내기 힘든 적도 있었다. 그렇게 절박한 상황에서도 긍정의 마인드로 성공의 씨앗을 뿌린 결과, 많은 사람의 가슴을 울렸다.

나 역시 그 책 한 권에서 비즈니스의 모든 걸 배웠다. 고객 최우선주의, 즉 '섬김의 비즈니스'로 사람의 마음을 얻는 법을 깨우쳤다. 특히 다음과 같은 내용이 와닿았다.

"전혀 인연이 없을 것 같은 사람도 조금만 신경 써 세심하게 배려하면 좋은 인연으로 남을 수 있다. 그 인연이 우리의 삶에 어떤 영향을 미칠지는 그 누구도 모르는 것이다. 고객을 확보할 수 있는 사람은 어떤 상품도 판매할 수 있다. 하지만 고객을 확보하지 못하는 사람은 아무리 좋은 상품이라도 팔지 못한다. 고객을 존중하면 존중할수록, 매장에 앉아있는 시간이 길수록 매출은 가파른 상승 곡선을 그릴 것이다."

이 책의 모든 내용은 내가 사업을 이어나가는 데 크나큰 도움이 되었다. 창업을 결심하거나 구상 중이라면 꼭 읽어보기를 권한다.

어떤 분야를 막론하고 그 한 분야에서 눈에 띄게 활동하면서 특별한 업적을 이뤄내는 사람들이 있다. 여자일 수도 있고, 남자일 수도 있다. 사업을 하는 사람일 수도 있고, 직장인일 수도 있다. 교육자일 수도 있고, 정치인일 수도 있다.

현재 내가 처한 상황에서 존경하고 따라할 롤모델을 그러한 사람 중에서 선정하라. 그들의 생활 패턴이나 사고방식 전체를 따라야 한다. 아직 내가 아무것도 이루지 못했다고 생각한다면 적어도 5년 이상은 뼈를 깎는 노력을 해보자. 그들도 그렇게 했다.

적합한 롤모델을 찾기가 쉽지만은 않다. 그러나 생각보다 가까운 곳에서 찾아낼 수도 있다. 내가 가만히 있는데 누가 밥을 떠 입에 넣어주겠는가. 내 노력과 행동이 곧 내 운명이 된다는 것을 잊지 말아야 할 것이다.

3

나만의 독특한 A/S로
고객을 내 편으로 만들어라

　내가 하는 가발사업은 직접 소비자를 상대하는 소매업이자 서비스업이다. 기본적으로는 가발이 필요해서 매장을 찾아오시는 고객님들에 의해 매출이 이루어진다.

　물론 가발에 대한 선입견을 뒤로하고 용기를 내어 매장을 찾은 만큼 고객님들의 기대 또한 상당하다. 그렇기에 10년간 가발 디자인만 해온 나도 매 순간 긴장의 끈을 놓지 않고 있다

　우리 매장을 찾으시는 고객님들은 세 부류로 나뉜다. 탈모로 인한 컴플렉스를 가지신 분, 항암치료로 인해 어쩔 수 없이 찾아오시는 환우님, 그리고 편리함과 아름다움을 위해 가발을 찾으

시는 고객분이다. 어떻게 보면 나름대로 애로사항을 가진 분들이다. 그래서 그분들에게 희망과 자신감을 드리기 위해 부단히 노력하고 있다.

그분들에게 가발은 옷이나 식료품 같은 게 아니다. 이 세상 모든 사람의 생김새가 다 다르듯, 자신만의 독특한 스타일을 반영한 맞춤 제품이다. 얼굴 생김새가 비슷한 쌍둥이에게도 두상 모양이 달라서 같은 스타일의 가발이 안 어울리기도 한다.

나는 수많은 가발업체와는 차별화된 영업 방법과 독특한 A/S를 구상하느라 많은 시간을 소비한다. 고객님들이 좀 더 편안하게 찾아오실 수 있고, 나름대로 프라이드를 가지고 이용하실 수 있도록 하려면 어떻게 할까 궁리한다.

사실 가발에 대해 아직도 선입관을 가진 사람들이 많다. 그래서 나는 우리 가발매장이 편안하고 아늑해 보이도록 인테리어에 신경을 썼다. 시각적인 부분에서부터 가발에 대한 선입관을 깨도록 했다.

보통 타 업체들의 간판이나 홍보 영상에는 대머리 아저씨들의 전·후 사진이 빠지지 않는다. 그리고 매장에 들어가면 목까지만 있는 무시무시한 머리 마네킹에 가발을 진열해놓은 곳이 다반사다. 나는 그런 광고나 진열 방식 자체가 고객님들을 불편하게 만든다고 생각한다.

창업 당시 나는 비용 부족으로 마네킹을 직접 제작할 수 없었다. 그래서 일반 마네킹을 구매한 뒤 금색과 은색 락카를 뿌려가며 색을 입혔다. 그렇게 했더니 고급스러운 작품처럼 보이는 게 아닌가. 이렇게 조금만 신경 쓴다면 차별화는 물론 적은 비용으로도 극대의 효과를 볼 수 있다.

또 나는 "당신의 소원이 이루어집니다"라는 광고 카피로 궁금증을 자아냈다. "성형하지 않고 얼굴이 예뻐진다!", "이제 머리에도 풍성한 아름다움을 입으세요!" 같은 카피들도 내세워서 가발이 가지고 있던 칙칙한 무거움을 제거하고 좀 더 신선한 이미지로 고객님들에게 다가갔다. 그런 접근 방식은 정확하게 적중했다. 고객님들은 '이민아 가발에 가면 어쩐지 새로워질 것 같다'라는 생각을 하기에 이르렀다.

실제로 우리 고객님들은 "가발이면 어때! 예쁘면 그만이지!" 같은 말을 종종 사용하며 가발 홍보를 해주신다. 심지어 모임에 가셔서 가발을 벗어 보여주시는 등 단체로 매장 방문을 하게끔 유도하시는 고객도 더러 있으시다. 이렇듯 내가 고객님들을 기쁘게 해드리는 것보다 나를 훨씬 더 행복하게 해주시는 분들도 많다.

우리 매장에서 가발을 구매하신 고객님들과는 거의 평생 인연으로 남게 될 것 같다. 가발이라는 표시가 나지 않고, 착용했을 때 불편함이 없으니까 그렇지 않겠는가. 더군다나 한번 다니던 가발매장을 바꾸기는 쉽지 않다. 본인의 프라이버시를 그대로 오픈해야 하기 때문이다.

나는 다른 가발업체들보다 더 노력하는 것만이 나를 지지해주시는 고객님들께 보답하는 길이라 생각했다. 그래서 우리 매장 식구들은 고객님들께서 출퇴근 시나 외출 시 편리하게 착용하거나 벗기만 하면 되게끔 매일 노력한다. 집에서 직접 세척해야 하는 번거로움이 없게 하려고 정기적인 세척과 드라이를 모두 무료로 해드리고 있다. 그리고 모자보다 덥지도 갑갑하지도 않도록 무게를 최소화했다. 자연스러운 스타일에 관한 연구도 게을리하지 않았다.

가족 모임이나 셜혼식장 등 특별한 곳에 갈 때는 꼭 매장을 방문하시게끔 하고 있다. 더 멋지고 예쁘게 만지고 가실 수 있도록 손질해드리기 위해서다.

평생 인연으로 남을 고객분들이 좀 더 편하게 드나드실 수 있는 분위기를 조성하는 것 또한 중요하다. 그래서 나는 매장 분위기를 카페처럼 편안하게 만들기 위해 노력한다. 고객분들의 기분이 업up될 수 있도록 아로마 향도 아침마다 선별한다. 어떤 일이든 노력한 만큼 결과는 반드시 따른다. 그래서인지 오픈 이래 매년 매출은 상승하고 있다.

나를 비롯한 우리 매장에 근무하는 선생님들은 모두 부분가발을 착용하고 있다. 그래야만 고객님들이 느끼는 불편함이나 개선해야 할 부분들을 파악할 수 있기 때문이다. 그리고 고객님들과 같은 입장이 됨으로써 한결 더 가까워질 수 있다는 장점도 있기 때문이다.

우리 선생님들도 처음에는 부분가발을 착용해야 한다는 데 따른 부담감이 없지 않았다고 한다. 그래서 나는 본인들이 필요해서 사용할 때까지 기다렸다. 그들이 편하지 않은 것을 고객님들에게 권한다는 것은 모순이라고 생각했기 때문이다. 자발적으로 필요해서 사용하는 것과 가발매장에서 근무하기 때문에 어쩔 수 없이 착용하는 것은 엄청난 차이가 있다. 고객님들을 대할 때의 말투 자체가 바뀌니 말이다.

부분가발이 조금이라도 어색하거나 표시가 난다면 착용하지 않느니만 못하다. 하지만 우리 선생님들은 너무 자연스럽고 멋스럽게 착용하기에 고객님들로부터 감탄사가 절로 나오고 있다. 탈모로 고민하시던 실장님, 잦은 파마에서 해방되려던 부원장님, 염색을 줄이고자 가르마 쪽에만 가볍게 부분가발을 올리는 막내 선생님 등 다양하다. 이렇듯 일상생활을 하면서도 멋스럽게 착용하여 고객님들에게 충분히 어필할 수 있는 바, 이는 곧 매출로 이어지고 있다.

우리 실장님은 현재 60대 후반이시지만 시니어의 힘을 한껏 발휘해주신다. 실장님도 갱년기 이후 급격히 탈모가 진행된 터라 그때부터 부분가발을 착용하셨다. 그래서인지 중년 이후의 힘없는 머리카락으로 인해 스트레스를 받으시는 고객님들의 마음을 충분히 이해하신다. 그분들의 친구가 되어주시기도 하고, 언니나 동생이 되어줌으로써 그분들이 마음을 열게 하신다.

실장님이 좋아서 매장에 자주 놀러 오시는 고객님들도 꽤 있다. 덕분에 밖에서 보면 우리 매장은 항상 북적이는 듯한 시각 효과를 톡톡히 누리고 있다. '항상 잘되는 가게'라는 소문도 건물 내에서 자자하다. 그래서 더 잘되는 것인지도 모르겠다. 참으로 유쾌하고 힘이 나지 않을 수가 없다.

수많은 고객님들을 어떻게 내 편으로 만들었냐고? 특별한 방법을 쓴 건 아니다. 내가 편하고 내가 좋아하는 것을 고객님들에게도 제공함으로써 신뢰를 얻었고, 나아가 팬층도 확보했다.

아울러 화려하게 광고·홍보한 것에 대한 책임을 지려고 했다. 광고를 보거나 듣고서 찾아오신 분들이 실망하시지 않게 해드리겠다는 각오, 광고 내용을 믿고서 어렵고 힘들게 찾아오신 고객님들께 끝까지 예쁘고 멋진 헤어스타일을 제공해야겠다는 마음, 그리고 삶에 대한 진정성, 이것만 있었다.

4

대우 받고 싶은 대로 고객에게
서비스를 제공하면 사업 실패란 없다

나는 '역지사지易地思之'라는 고사성어로 내 사업의 힌트를 얻는다. 모든 삶에서 상대방의 입장이 되어 생각해본다는 것은 어쩌면 성공의 지름길이 아닐까!

《논어》를 보면 공자가 제자들한테 "난 평생 이것만 했다"라며 강조했던 가르침이 나온다. 바로 "내가 당하는 게 싫은 건 남에게도 안 하려고 했다"가 그 말씀이다. 이것이야말로 바로 양심의 극치일 것이다. 상대방에게 진정한 양심을 보여주고 싶다면 상대방이 싫어하는 것을 하지 말아야 한다. 사업에서도 마찬가지다.

내가 대우받고 싶은 대로 상대방을 대한다면 사업에 실패할 가능성은 적을 것이다. 인간관계에서도 그렇다. "내가 당해서 싫은 건, 남도 당하기 싫을 것"이라는 사실을 정확하게 인지한다면 사업을 하든, 인간관계에서든 결코 실패하지 않을 것이다.

예수님께서도 "남에게 대접을 받고자 하는 대로 너희도 남을 대접하라"라고 하셨고, 부처님께서도 "자신의 마음으로 남을 헤아려 남을 해치지 말고, 해치라고 시키지도 마라"고 하셨다. 이렇듯 성인들께서 제시하신 가르침들은 다 똑같다. 결국, 이러한 가르침들의 의미도 수학의 이퀄(=) 표시처럼 남하고 나를 똑같이 생각해야 한다는 의미다.

가발사업을 10년 하다 보니 다양한 고객님들을 만났다. 타 업종도 마찬가지겠지만 어딜 가나 훈훈한 고객이 있는가 하면 힘들게 하는 고객도 있다. 혹시라도 고객이 너무 무례하게 행동했을 때에는 화로 치닫기 전에 빨리 마음을 가다듬어야 한다. 그럴 땐 내 가족이나 나와 관련된 사람들이 다른 곳을 이용하면서 이렇게 힘든 고객이 될 수도 있겠다고 생각하면 욱하는 마음이 훨씬 덜해지면서 더욱 현명해질 수 있다.

예를 들면, 내 엄마나 아빠가 와서 가발을 맞춘다고 생각해보는 것이다. 그러면 항상 좋은 답이 나올 것이다. 더욱 꼼꼼하게 따지거나, '혼자서 착용하더라도 불편함이 없을까?'라는 생각을 하게 될 것이다. 나는 이런 방법을 통해서 상대방의 처지를 잘 읽어내는 능력을 발휘할 수 있었다. 결국, 나도 좋고 상대방도 좋은 방법이 아닌가.

우리는 끝없는 인간관계 속에서 살다 가야 한다. 좋건 싫건 인간관계의 달인이 되려면 역지사지를 잘해야 한다. 역지사지만 한다면 남에게서 부당한 대우를 받지도 않을 것이다. 그리고 남들에게 제대로 평가받을 수도 있을 것이다.

훌륭한 리더가 되고 싶은가? 그렇다면 '내가 만약에 부하직원이라면?'에서부터 시작하라. 이것은 바로 양심을 지키는 행위다. 그때부터 최고의 경영이 펼쳐진다. 자아실현은 혼자 하는 것이 아니다. 남과 어우러지면서 해야 가능하다. 비즈니스를 예로 든다면, 고객이 있어야 매출이 일어나고, 매출이 일어나려면 직원들과 함께해야 한다는 사실이 그것이다.

항상 깨어있기 위해 끊임없이 노력하면서도 이 간단한 진리를 이따금 망각하게 된다. 그랬을 때 부작용은 항상 내 주변을 맴돌았다.

나도 사업을 하면서 고객님들의 상황을 제대로 파악하지 못해 죄송스러운 일들을 종종 저질렀다. 예를 들면, 일반적으로 '가발'이라고 하면 전체적으로 뒤집어쓰는 것을 떠올린다. 그런데 요즘은 특별한 경우가 아니라면 부분가발을 많이 사용한다.

부분가발은 안쪽에 클립형 핀이 있고, 그걸로 내 머리카락에 고정하는 방식이다. 그러다 보니 핀 꽂는 자리가 조금 불편하다고 하신 고객님도 더러 계신다. 그런 경우에는 핀을 교체해드리고 있다. 그러나 계속 불편하다고 하시는 분이 계셨다. 그럴 때에는 원인이 무엇인지 알아보기 위해 나는 그 핀을 직접 사용해보기도 했다. 아무런 이상을 찾을 수 없었다. 그렇게 문제점을 해결하지 못한 채 나는 '고객님이 좀 까다로우시구나'라고 생각했다.

그런데 내가 가발을 착용한 지 4년 정도 되었을 때였다. 어느날 이유 없이 핀 꽂는 자리가 불편했다. 새로운 핀으로 교체해도 그렇고, 살짝 꽂아도 마찬가지였다. 그때 그 고객님이 나에게 불편하다고 토로하셨던 상황과 똑같았다. 몸 상태에 따라 두피가 예민해져서가 아닐까 하면서 고개를 갸웃거렸다. 그때야 비로소 '아, 아무런 이유 없이도 그렇기도 하구나. 일단 내 제품을 사용하기 때문에 나한테 하소연할 수밖에 없었구나!'라는 생각을 하게 되었다.

무려 4년이나 지난 뒤에야 그때 그 고객님의 심정을 이해하는 나 자신을 보면서 한심스러웠다. 그렇게 사사로운 것 하나까지도 고객님 편에서 조금만 더 생각했더라면 하는 후회가 남았다. 그 이후에는 고객님이 불편하다고 하시면 내가 체험하지 않았던 것이라도 무조건 "그럴 수도 있겠다"라는 마음을 기본적으로 가졌다.

원하는 것을 얻고자 하는 것은 인간의 기본적 욕망이다. 하지만 원하는 모든 것을 얻으려면 꼭 필요한 조건이 있다. 상대방과 원활한 의사소통을 통한 협상이 그것이다. 협상을 원활하게 이루려면 자기중심적 성격을 벗어던지는 것. 즉 역지사지를 통해 상대방과의 공감 요소를 찾는 것이 필요하다. 사업을 하든, 인간관계를 맺든 이 부분이 가장 중요하다.

세계적인 MBA^{경영 전문 대학원} 중 하나인 미국의 와튼 스쿨에는 20년 연속 최고로 꼽힌 인기 강의가 있다. 바로 스튜어트 다이아몬드 교수의 '협상 코스'가 그것이다. 다이아몬드 교수는 세계적으로 이름 있는 협상 전문가이기도 하다. IBM, 구글, 마이크로소프트 등 세계 100대 기업 중 대부분이 그에게 컨설팅을 받았으며, UN 같은 국제기구도 그에게 자문을 구하기도 한다.

다이아몬드 교수는 변호사였고, 퓰리처 상도 받은 〈뉴욕타임스〉지의 기자였다. 기자 생활을 통해 좋은 질문을 하는 법을 배웠다는 그는, 어떻게 하면 더 좋은 협상을 할 수 있을지 고민하기 시작했다.

다이아몬드 교수의 협상법은 강압적인 설득보다는 인간의 심리를 기반으로 시작한다. 상대방의 마음을 이해함으로써 상대방의 생각을 내 생각보다 먼저 읽는다. 그리하여 그에 맞춰 내가 정한 목표를 향해 천천히 나아간다. 그러한 과정이 바로 협상이 라는 것이다.

다이아몬드 교수의 저서 《어떻게 원하는 것을 얻는가》의 주제 는 결국 '사람의 마음을 얻는 것'이다. 다이아몬드 교수도 이 책 에서 "협상은 사람과 사람 사이에서 이루어지는 상호작용인 만 큼 역지사지의 관점에서 생각해보라"라고 강조한다. 그래야 협 상 대상인 상대방의 마음을 얻을 수 있으니, 역지사지를 잘하게 될 때까지 반복하라고 한다. 이러한 노력은 상대방이 하는 말의 이면에 숨겨진 진실을 파악하는 데에도 도움이 된다. 역할의 전 환을 통해 상대방이 원하는 것이 뭔지를 파악하고 상황을 바라 보는 통찰력도 생기기 때문이다. 그럼으로써 상대방을 좀 더 배 려할 수도 있게 되니까.

사람을 설득하고, 갈등을 해결하고, 원하는 것을 얻을 수 있는 가장 빠른 방법이 있다. 그것은 결국 상대방의 변화를 기대하기 보다는 나의 관점을 전환하는 것이다. 비즈니스뿐만 아니라 인 간관계에서도 마찬가지다. 문제를 풀어야 할 사람은 상대방이 아니라 나 자신이다.

나는 다이아몬드 교수의 책을 읽는 내내 왜 다른 나라에서도 이 책이 베스트셀러가 되고 있는지 깨달았다. 그리고 "나만의 강 점과 내가 제시할 수 있는 것으로만 고객님께 접근하지 않았나?" 스스로에게 물어보며 뒤돌아보게 되었다.

우리 매장에서 구매하신 모든 제품에 대해 무료 서비스를 제공함으로써 우리 고객님들은 분명히 편하실 것이라고 생각했다. 하지만 고객님들도 항상 빚진 느낌, 돈을 지불하고 제품을 구매하고도 매번 '공짜 손질'을 부탁해야만 하는 데 따른 부담감을 가지고 계시다는 사실을 알게 해준 일이 있다.

학교에 가느라 나는 공식적으로 매주 화요일은 출근하지 않는다. 공교롭게도 그날 세척을 맡기러 오신 고객님과의 큰 오해를 불러일으킨 사건이 발생했다. 세척한 지 일주일도 안되었는데 또 제품을 맡기러 오셨다고 했다. 우리 직원은 자주 세척하면 가발이 빨리 손상되는 경우를 우려해 "고객님, 이렇게 자주 세척하시면 안 돼요!"라고 말했다.

그러면서 이유를 설명하려는 찰나에 그 고객님은 이미 기분이 상해서 화를 내고 가버리셨다고 했다. 사실 고객님의 입장에서는 항상 무료로 손질을 받는 게 부담스러우셨던 모양이었다. 그런 이유로 고객님은 가발숍에서 세척을 자주 맡기니까 귀찮아한다고 생각하신 것이다.

학교 수업 중에 그 고객님으로부터 전화가 계속 와서 교수님께 양해를 구하고 나와서 통화를 했다. 그로부터 30분 이상 수업에 참석도 못한 채 항의를 들어야 했다. 고객님은 갱년기로 인해 몸 상태가 좋지 않아 땀을 너무 흘렸다고 했다. 그래서 할 수 없이 세척해야 했는데 직원이 막 뭐라 했다는 것이다.

내가 없었던 자리에서 벌어진 일이라 무조건 죄송하다며 진정시킨 다음, 직원에게서 자초지종을 들었다. 역시나 이 또한 상대방의 관점에서 생각해보지 않았기에 일어난 큰 오해였다. 우리 직원은 가발을 구성하는 인모ㅅ毛의 특성상 잦은 세척은 가발을 오래 사용하지 못하게 하니, 그게 걱정되어서 그렇게 말씀 드린 것이다. 그런데 고객님은 "돈도 안 되는데 자주 오니까 귀찮아한다!"라고 생각하신 것이다.

다행히 서로의 입장을 다시 한 번 더 생각하게 된 계기로 끝났지만, 아직도 그날을 생각하면 아찔하다. 사실 그 사건으로 인해 내가 아끼는 직원과 고마운 고객님을 한꺼번에 잃을 뻔 했으니까 말이다.

상대방의 입장을 어디까지 이해해야 하나? 그리고 올바른 이해란 무엇일까? 자기가 사랑하는 사람과 자식들에게는 역지사지가 잘되지만, 그렇지 못한 경우 대부분의 사람들은 역지사지를 힘들어한다. 이것이 바로 역지사지를 알면서도 실천하지 못하는 이유다.

간단하게 생각하자. 사업을 하든, 인간관계를 맺든 내가 받고 싶은 대우를 남에게 해주는 것, 그것이 바로 역지사지다. 최선을 다해 시도하다 보면 역지사지 역시 잘할 수 있게 된다. 계속 연습하면서 실생활에도 적용한다면 1년 뒤에는 지금 상상했던 것보다 훨씬 나아져있을 것이다. 아울러 내 사업도 더욱 번창하고 있으리라.

5

외부 고객도 중요하지만, 내부 고객은 더욱 중요하다

사업체를 운영하는 오너라면 가정과 회사의 원리는 똑같다고 생각해야 한다.

어느 집을 방문했을 때 아이들 표정이 밝으면 그 집은 100퍼센트 화목한 가정이다. 금전적으로 아무리 부유하더라도 부모의 불화가 잦은 가정의 아이들은 항상 정서가 불안정하거나 주눅이 들어있다. 반면 부모와 좋은 유대관계를 맺고 소통이 잘되며 서로 신뢰하는 집안의 아이들은 표정도 밝다. 그런 가정이라면 분명 부모의 인격도 훌륭할 것이다. 그리고 그런 부모 밑에서 자란 자녀들의 정서는 안정되어 있을 것이며, 그들이 원하는 꿈을 펼쳐나갈 것이다.

내 사업이 잘되길 바란다면 가정에서처럼 직원들을 기분 좋게 이끌어가는 리더십을 갖춰야 한다. 직원들의 표정이 밝은 사업장에서는 잘되어가는 게 눈에 보이고, 발전 가능성도 느껴진다. 고객도 기분이 좋아지는 것은 두말할 나위 없으리라.

아무리 타 업체의 것보다 탁월한 제품으로 경쟁력을 갖췄더라도 직원들이 만족하지 못하는 사업장은 실패할 확률이 높아진다. 그만큼 외부 고객 한 명이 불만을 느끼는 경우보다 불만을 가진 직원, 즉 내부 고객 한 명이 사업장에 미치는 영향력이 훨씬 크기 때문이다. 이는 곧 조직의 분위기 악화로 이어지면서 외부에까지 영향을 끼칠 수도 있다.

리더의 임무는 고객들이 만족하는 서비스를 제공하면서 함께 일하는 직원들의 만족도도 창출하는 것이다. 만족하지 못하는 직원은 내 사업장을 찾는 고객에게 감동을 전달할 수 없다. 삼성 에버랜드의 서비스경영 마인드를 보여주는 《에버랜드 서비스 리더십》에는 "리더에게 만족한 직원만이 고객을 감동하게 한다"라는 말이 나온다. 즉, 고객 만족을 구체적으로 이루어내는 사람은 바로 직원임을 강조한 것이다. 나는 작은 매장도 이러한 성공 방식을 따른다면 더 빨리 성장할 수 있으리라 본다.

결국, 성공적인 사업장인가는 고객들에게 제공하는 서비스를 직원들에게도 제공하는가에 따라 판가름이 날 것이다. 내 사업을 도와주는 직원들을 만족시키지 못하고서 성공한 기업은 찾아볼 수 없다. 리더라면 자신의 내부 고객인 직원들을 '진정한 내 고객'으로 생각해야 한다. 그리고 직원들의 만족도를 높이기 위해 어떤 노력을 하고 있는지 수시로 체크해야 한다.

그런데 다수의 오너들은 오히려 내 사업장을 찾는 고객들을 만족시키기 위해 직원들의 노동 강도를 높이거나 필요 이상의 규제를 둔다. 이는 바로 그 오너가 원하는 고객 만족과는 상당히 동떨어진 것이라는 사실을 알아야 한다.

이런 오너의 잘못된 사고방식 중 하나는 "돈을 내는 외부 고객들과는 달리, 직원들은 내가 돈을 주는 대상이다"라고 생각하는 것이다. 그래서 직원들을 관리 대상이라 생각해 갑질을 일삼기도 한다. 이런 마인드로 사업체를 운영하면 머지않아 폐업할 시기가 닥친다. 왜냐고? 직원들이 회사생활이 힘들다고 느낀다면 이는 곧 고객의 눈에도 띄기 때문이다. 동시에 직원들이 고객들을 대하는 태도에서 그러한 불만이 드러나기 때문이다.

매출 1조 원의 글로벌 외식기업 스노우폭스를 경영하는 재미교포 사업가 김승호 회장은, 오너들이 배워야 할 '갑의 마음가짐'을 다양한 형태로 보여주면서 타 기업인들의 모범이 되고 있다. 그 내용은 다음과 같다.

★스노우폭스 공정서비스 권리 안내★

우리 직원이 고객에게 무례한 행동을 했다면 직원을 내보내겠습니다.

그러나, 우리 직원에게 무례한 행동을 하시면 고객을 내보내겠습니다.

상품과 대가는 동등한 교환입니다.

우리 직원들은 훌륭한 고객님들에게 마음 깊이 감사를 담아 서비스를 제공하겠지만, 무례한 고객에게까지 그렇게 응대하도록 교육하지는 않겠습니다.

우리 직원들은 언제 어디서 무슨 일을 하든지 항상 존중받아야 할 훌륭한 젊은이들이며, 누군가에게는 금쪽같은 자식이기 때문입니다.

직원에게 인격적 모욕을 느낄 언어나 행동, 큰 소리로 떠들거나 아이들을 방치하여 다른 고객님들을 불편하게 하는 행동을 하실 경우에는 저희가 정중하게 서비스를 거부할 수 있음을 알려드립니다.

SNOWFOX 브랜드 최고 관리자

김승호

각 매장 앞에 이러한 〈공정서비스 권리 안내〉를 게시한 일은 세간의 이목을 집중시켰다. 아울러 이런 멋진 마인드를 마케팅적 요소로도 활용하는 글로벌 기업의 CEO에게서 나는 많은 것을 배운다. 이렇게 마음을 움직이는 리더와 함께 일하는 직원들은 "오너가 내 편이다!"라는 기분 좋은 소속감으로 최선을 다해 일할 것이다.

우리 집 근처에 있는 돌판구이 삼겹살집도 이러한 사례다. 남편이랑 한 달에 두어 번은 꼭 가는 집인데, 항상 번호표를 받고 기다려야 한다. 특별한 것도 없는데 늘 붐빈다.

홀서빙을 하는 직원들은 푹푹 찌는 한여름에도 땀을 뻘뻘 흘려가며 그야말로 최선을 다하는데, 그 모습이 남달랐다. 어느 날 그곳 여사장님과 대화할 기회가 생겼다. 직원들이 아들과 딸이라고 했다. 부모님이 운영하는 가게에서는 그렇게 열심히 일하는 경우가 드물기에 신기했다.

그런데 그 남매가 엄마의 가게에서 대충할 수 없는 이유가 있었다. 여느 기업체에 입사한 것 이상으로 대우해주었기 때문이다. 연봉을 책정하고 연월차를 제공했으며, 장사가 잘될 때는 성과급도 지급한다고 했다.

작은 삼겹살집이지만 여사장님의 운영철학이 남달랐다. 매주 쉬는 날이면 운영 관련 회의도 한다고 하셨다. 가족이라도 이렇게 대우를 제대로 해주면서 장사를 가르치는 편이 훨씬 낫다고 생각한 것이다.

나는 "장사는 이렇게 하는 것이구나!"하고 감탄했다. 그 이후 그곳이 작은 삼겹살집이 아니라 기업처럼 느껴졌다. 그리고 앞으로 이 가족은 요식업의 대가들이 될 거라는 생각마저 했다. 역시나 얼마 전에 그 삼겹살집이 2층으로 건물을 올려 확장한다는 애길 들었다. 내 가게가 아닌데도 흐뭇했다.

조직을 이끄는 리더는 직원들의 사소한 것까지 세심하게 챙겨야 한다. 우리 아이가 집에 친구를 데려왔을 때 친절하고 편안하게 반겨주고 맛있는 음식을 대접한다면 우리 아이의 어깨는 으쓱해진다. 그렇듯 일하는 직원의 지인이나 가족이 찾아오면 반겨주고 깍듯이 대우하는 아량도 베풀어야 한다. 그랬을 때 직원들도 보는 이도 편안하고 마음 따뜻해진다. 그러한 친절을 느낀 사람들의 기분 좋은 분위기로 인해 가정도 일터도 더욱 안정되고 발전하게 된다.

가정에서나 회사에서나 리더 역할이 쉽지만은 않다.

남편이 집안의 가장 역할을 하더라도, 지혜를 발휘해서 이끄는 역할은 아내의 몫이다. 아이들에게도 엄마의 역할은 더없이 중요하다.

몸이 아프거나 외로울 때 누군가와 함께 있었으면 하는 생각이 들기 마련이다. 그 누군가가 바로 엄마다. 인간은 몸이 아플

때 웅크리는 행위를 한다. 그 자체가 엄마의 자궁에서 10개월간 생활했던 태내기의 본능을 보여주는 것이다. 그러니 가정에서 우리 여성들은 가족의 행복을 이끌어나가는 리더의 역할을 반드시 해야 한다.

사업도 마찬가지다. 작은 가게든 큰 사업체든 내 사람들에게 엄마와 같은 따뜻한 리더십을 발휘해야 한다. 따뜻한 리더십이 조직을 이끄는데 가장 중요한 요소이기 때문이다. 내 가족들에게 하듯이 내 직원들에게 먼저 선한 영향력을 발휘하면 사업은 반드시 성공할 것이다.

사업장에서 오너가 잘못된 권위의식을 발휘하는 탓에 직원들은 힘들어히는데, 정작 그런 오너들은 사회 봉사단체나 로터리 클럽 같은 곳에서 보여주기식 활동을 하는 경우가 많다. 또한 가정에서는 무뚝뚝하고 사소한 것에도 큰소리를 내는 부모들이 밖에서는 '호인好人'이라든가, '모두에게 친절하다'는 평을 듣는 경우를 많이 봤다.

이런 사람들은 삶을 거꾸로 살아가는 사람들이다. 가장 소중한 것을 등한시하면서 자기 인생이 잘 풀리기를 바란다는 것은 그야말로 언어도단이다. "집에서 새는 바가지는 들에 가도 샌다"라고 하지 않는가. 오너의 겉모습만 보던 고객들도 언젠가는 그의 속내를 들여다볼 것이다. 실제로 매스컴에 종종 직원들 앞에서의 갑질 행태를 들킨 오너들이 소개되고 사회의 질타를 받아

몰락하지 않았던가.

지금 당장 "나는 함께 일하는 직원들 그리고 함께 사는 가족들로부터 신뢰를 받는 리더인가?"라고 자신에게 물어보고 체크해보라.

오너와 회사 덕분에 자기 일에 대한 자부심과 자긍심을 가진 직원은 곧 그 회사가 잘되어가고 있다는 걸 증명한다. 무례한 고객 때문에 삶의 회의를 느끼거나 일상의 상실감을 느끼는 직원, 좌절하는 직원을 본다면 리더로서 다독여주고 문제 해결을 위해 함께 노력하라. 이런 분위기에서 일하는 직원들은 고객들에게 자발적으로 진정성을 담은 서비스를 제공할 것이다.

"내 사업장의 내 직원들을 지켜줄 사람은 바로 나다!"라는 마인드를 가진다면 직원들도 오너와 함께 성공을 향해 나아갈 것이다.

6

모든 고객을 만족시키려 하지 말고
타깃 고객을 분명히 정하라

창업하기 전 가장 중요한 것은 내가 원하는 타깃 고객을 모으는 것이다. 내가 어떤 상품이나 서비스를 제공할 수 있더라도 고객이 없으면 판매가 이루어지지 않는다. 그러다 보니 '어떻게 하면 고객과 더 빨리 만나거나 쉽게 찾아낼 수 있을까?'가 모든 사업자의 가장 큰 고민거리다.

처음 창업하는 사람들이 쉽게 하는 실수가 있다. 고객을 만나고 싶어하는 그 이면에는 '어떤 고객이든 만족시키겠다!'라는 생각이 있다는 점이다.

하지만 처음 시작하는 단계에서는 가급적 욕심을 버려야 한다. 즉, 현재 내 능력으로 충실하게 만족시켜드릴 수 있는 최소

한의 고객들을 타깃 고객으로 삼아야 한다.

사업 준비가 잘 되어있고, 모든 걸 잘할 수 있을 것 같은가? 그만한 자신감이 넘치더라도 내가 쏟을 수 있는 에너지는 한계가 있다. 특히 초보 창업자들에게는 더욱 그렇다.

최상의 서비스를 제공하려면 내 상품을 선택할 타깃 고객의 범위를 좁혀야 한다. 걸음마도 떼기 전에 달리려고 한다면 당연히 넘어진다. 마음이 급하더라도 차근차근 실력을 발휘할 수 있도록 단계를 밟아나가야 할 것이다.

지인이 초등학교 앞에 분식집을 차린다고 했다. 자리가 좁긴 했으나 아이들에게 먹을거리를 제공하기에는 충분했고, 임대보증금과 월세도 비교적 저렴한 자리였다. 모든 조건이 좋아 바로 계약하고 준비를 하던 중에 그녀는 고민에 빠졌다.

초등학생들을 위한 먹을거리만 메뉴에 넣어야 할지, 아니면 지나다니는 어른들도 먹을 수 있는 메뉴까지 준비해야 할지 고민에 빠진 것이다. 보통 초등학교 앞은 저학년 학부모들의 왕래가 잦아서 그런 생각을 할 수도 있다. 하지만 나는 혼자 시작하는 분식점에서 아이들이 좋아하는 메뉴와 학부모들이 먹을 수 있는 메뉴를 동시에 한다는 건 무리라고 생각했다. 하지만 그녀는 조금 더 많은 수익을 낼 수 있을 거라며 어른들의 먹을거리까지 해보겠다는 고집을 굽히지 않았다.

결과는 물론 좋지 않았다. 시작한 지 6개월도 안되어 장사가 되지 않는다며 두 손을 든 것이다. 토끼 두 마리를 다 잡기에는 장소도 협소했지만, 무엇보다도 그녀의 실력이 부족했다. 메뉴의 밑준비를 위해 가게 안에 이런저런 재료들을 늘어놓게 되니 아이들이 먹을거리에 집중하지 못하게 된 것이다.

이처럼 처음 창업할 때는 마음이 앞서는 것에 주의해야 한다. 타깃 고객을 정하여 활동 범위를 최소한도로 좁히고, 거기에 내 실력을 집중적으로 쏟아부어야 한다. '선택과 집중'인 것이다. 그렇게 해서 수입이 투자 대비 안정권에 들어왔을 때 품목을 늘리거나 사업장을 확대해야 한다.

토스트 하나로 국내에 수백 개의 가맹점은 물론 대만, 마카오, 말레이시아 등에도 진출해 현지인들의 입맛을 사로잡고 있는 '이삭 토스트'의 김하경 대표를 보라.

평생 전업주부로 살아온 김하경 대표는 남편이 갑작스럽게 발병하자 가족의 생계를 책임지기 위해 길거리 한쪽에서 '샌드위치'를 만들기 시작했다. 아이들에게 종종 샌드위치를 만들어주었던 그녀는 "맛있다"라는 말 한마디에 이렇듯 창업을 결심한 것이다.

자금이 부족했기에 포장마차에서 시작했고, 그로부터 6개월 후 그녀는 보증금 500만 원으로 2평짜리 가게를 구했다. 그 2평짜리 샌드위치 가게가 900여 개의 가맹점을 갖춘 프랜차이즈가 된 것이다.

김하경 대표처럼 어떤 일을 선택할 때 내가 집중할 수 있도록 범위를 최소화하는 것은 정말 중요하다. 쉽게 얘기해서 "하나를 하더라도 완벽하게 이루자"는 것이다. 그런 다음 이삭 토스트처럼 메뉴를 늘리는 등 차차 범위를 넓혀가도 늦지 않다.

그리고 일을 벌였으면 남들 눈에 보잘것없고 사소해 보이는 일이라도 성실하게 해야 하며, 꾸준함도 잃지 말아야 한다. 보통 작은 점포들은 사적인 일들을 핑계로 오픈시간이나 마감시간을 지키지 않는다. 그렇게 운영하다 보면 손님들도 끊어지기 마련이다.

내가 처음 가발매장을 창업하려 했을 때 미용사 자격증이 있으니 미용실 겸업을 할까 생각했었다. 미용실 운영 경험이 없으니 경험자 한 분을 직원으로 채용하자는 생각도 했다. 그렇게 하다 보면 커트나 파마, 염색을 하러 오시는 고객님들 중 가발이 필요하신 분들도 만날 수 있을 것 같았다. 주변에도 그렇게 하는 것이 수익 면에서 훨씬 나을 거라고 조언해주시는 분들도 많았다.

하지만 나는 미용업을 포기했다. 자신이 없었으니까. 내가 운영하는 매장에서 내가 자신 있게 할 수 없는 일을 남의 도움을 받으며 시작한다는 건 아무리 생각해도 무리였다. 나는 내 사업장에서 벌어지는 일은 하다못해 청소까지도 내가 더 잘해야 한다고 생각한다. 그래야 직원들에게 본보기가 되니까. 물론 내가 직접 모든 일을 다 할 수는 없다. 하지만 전담하는 직원이 갑자기 관두거나 쉬어야 하는 상황 등 부득이한 경우가 닥쳐도 그 일을 나도 할 수 있다면 리스크가 줄어든다.

그래서 지금도 가발업 한 가지로만 시작하기를 잘했다고 생각한다. 그랬기에 10년이 지난 지금 미용업계나 가발업계에서 전문가로 자리매김을 하고 있는 것이다.

또한 맞춤가발을 해야만 돈이 된다는 주변의 의견도 내가 자신이 없었기에 창업 당시에는 전혀 고려하지 않았다. 대신 두상의 크기별로 다양한 모양의 가발을 전국에서 가장 많이 보유했다는 소리를 들을 정도로 쉴 새 없이 다양한 헤어스타일을 만들어 진열했다. 한번 맞추면 선택의 여지가 없는 맞춤가발과는 달리 다양한 헤어스타일의 가발을 직접 착용해볼 수 있다는 장점을 내세웠다. 그렇게 한 결과 고객님들 입장에서는 훨씬 더 많은 선택을 할 수 있다는 편의를 제공하게 되었다.

지금은 맞춤가발뿐만 아니라 항암가발과 기성가발 등 다양한 가발들을 취급하고 있다. 그동안 한 가지가 완벽해졌을 때 또 다른 것에 도전하기를 반복했더니, 여느 타 업체들보다 실력 면에서 뒤처지지 않는다고 자신할 수 있게 된 것이다.

이처럼 시작할 때는 고객층이 좁아지더라도 범위를 가급적 좁혀서 내가 실력을 발휘할 수 있는 분야나 품목에 집중해야 한다. 처음부터 자신 없는 분야까지 감당하려고 한다면 실패할 조건만 늘어난다.

어떤 분야에서의 창업이라도 많든 적든 금전을 투자해야 한다. 혹시 나처럼 전업주부였다면 창업자금이 많지는 않을 것이다. 그래서 가지고 있는 자금에 대출을 더하거나 지인들에게서 빌리는 경우가 대부분이다. 그렇게 되면 투자한 돈을 하루빨리 거둬들여야 한다는 생각이 앞서게 된다. 이때부터 고객들이 돈으로 보이면서 사업이 엇나간다. 분야나 품목과 상관없는 무분별한 타깃 고객 선정도 이래서 이루어진다. 고깃집 메뉴판에 어느 날 갑자기 생선매운탕이 추가되는 식이다.

만약 사업이 잘 안되거나 매출이 부진해 힘들다면 주변 정리부터 다시 깔끔하게 해보자. 과연 내가 집중할 수 없는 일을 하고 있지나 않은지 똑바로 들여다보고 점검하자.

6

인생 제2막은
긍정과 감사의 습관으로
준비하라

1

일이 편안하고 익숙해질 때가
가장 위험한 때다

지쳤을 때는 조금 쉬어도 된다. 나는 쉬는 동안 영화도 보고, 음악도 듣고, 명상을 통해 어떤 영감을 얻기도 한다. 그런 휴식으로 '파이팅!'을 외칠 힘을 얻는다.

하지만 모든 것이 성공적으로 잘 이루어질 때는 다르다. 예를 들면, 사업이 어느 정도 궤도에 올랐을 때는 몸도 마음도 물질적으로 편안해진다. 오히려 그런 여유로운 상황에서는 더 전진하기 위해서, 또 다른 역량을 발휘하기 위해서 노력해야 한다. '잘나갈 때' 여유를 즐기다가는 정신적으로 나태해지면서 어느 순간 모든 걸 잃게 되기도 한다.

그래서 나는 내 일이 편안하고 익숙해지면 모든 생활 패턴을 다시 돌아보고 주의를 기울이는 편이다. 거안사위居安思危라는 사자성어도 있다. "편안하게 있을 때 위험을 생각하고, 근심이나 걱정거리가 없을 때 장차 있을지 모를 위험에 미리 대비하고 준비하라"는 뜻이다.

사업이 성장 가도에 오르고 나면 질책이나 충고를 해주는 사람이 거의 없다. 심지어 잘나가는 현재 상황이 영원할 거라는 착각마저 든다. 왜 그럴까? 어느 실험에 따르면 좋은 상황에서는 자신감을 형성하는 호르몬인 테스토스테론이 왕성하게 분비된다고 한다. 이게 과하면 지금 하는 일이 대단히 중요하다든가, 자신에게는 어떤 제약도 질타도 가해지지 않을 것이라는 착각에 빠지게 된다는 것이다. 즉, '초심을 잃는' 것이나. 그래서 "잘나갈 때를 조심하라"라는 것 아니겠는가.

내 경험을 돌아보면 일이 잘 풀리지 않으면 절박하다 보니 수많은 아이디어가 샘솟았던 것 같다. 반면에 일이 잘될 때는 사업에 도움이 되는 아이디어가 전혀 나오지 않았다. 그래서 사업을 하는 사람은 호황일 때는 반드시 불황에 대비해야 한다.

《성경》에서 야곱의 아들 요셉이 이집트 왕의 총리가 된 뒤 7년간의 풍년으로 온 백성들이 즐거워할 때 그 뒤에 닥칠 7년간의 흉년에 대비함으로써 자신의 가족들까지 구했듯이 말이다. 불황에 대비하는 장기적 안목을 갖지 못하면 나라가 망하는 것에 맞먹는 크나큰 위기에 휘말릴 수 있다.

나는 창업 후 1년간 많이 힘들었다. 앞에서도 언급했듯이 예기치 못한 불황들이 찾아온 결과였다. 백화점에서 아주 잘나가던 시기 뒤에 닥쳐왔으니 정신적으로 정말 고통스럽기 짝이 없었다. 하지만 그런 상황에 치열하게 맞섰고 이겨냈다. 지금 돌아보면 힘든 일이 지나갈 때마다 내적으로는 한 단계씩 성장하고 있었다.

그런데 나이 50이 가까워지다 보니 답답한 일이 생겼다. 누구도 나에게 쓴소리를 하지 않는 것이었다. 다들 느껴보았다시피 중년으로 접어들면 배우자의 충고조차 아무렇지도 않게 받아들이기가 쉽지 않아서 부부간에도 조심하게 된다. 특히 직원들은 대표인 나에게 싫은 소리 하기가 더없이 어려울 것이다. 이러다 보니 나 자신을 돌아보기가 힘들었다. 가장 좋은 방법은 훌륭하신 분들의 강의나 책을 통해 나를 채찍질하는 것이었다.

예를 들어 '공무원 시험 한국사'의 유명 강사이신 전한길 선생님의 쓴소리를 유튜브로 들었다. 전한길 선생님의 강의에는 철학과 겸손이 있고, 때로는 허를 찌르는 강력한 메시지가 있다. 유머와 재치, 지식도 있다. 젊은 나이에 사업 실패를 겪은 뒤 처절하게 노력해 인생역전을 이루면서 획득한 지혜가 있으셔서가 아닌가 싶다. 이분의 삶의 자세가 묻어나오는 강의는 나태해져 가던 내게 큰 힘이 되기도 했다.

깊이 있게 들어보지 않으면 전한길 선생님이 자주 사용하시는 비속어들 때문에 강의 내용이 자칫 이상하게 들릴 수도 있다. 하지만 나는 지금도 출퇴근 시 운전하면서 '전한길의 쓴소리'를 들으며 나를 채찍질해 나태함을 물리친다.

어떤 위치에서든 자기 자신을 컨트롤하거나 통제하기는 쉽지 않다. 하지만 요즘은 내가 유튜브로 자기계발을 하듯이, 누구라도 스마트폰이나 PC로 언제 어디서나 자신의 내면을 단단하게 할 수 있다.

사회에 나와서 제2의 도약을 꿈꾸는 여성이라면 교만해지지 않도록 주의해야 한다. 직장과 가정에서 1인 다역을 하면서 걸어왔던 길을 되돌아보고 교만해지지 않도록 항상 조심해야 한다. 특히나 가장 주의를 기울이고 더 분발할 때는 바로 지금, 힘들게 일궈놓은 일터에서 편안하고 익숙해지는 바로 이때임을 잊지 말아야 한다.

유튜브에서 '법륜스님의 즉문즉설'을 들어보라. 남편과의 문제를 해결하거나 아이들을 잘 키울 수 있는 길잡이를 구할 수 있다. 유기성 목사님의 설교에도 심취해 틈만 나면 듣는다. 나는 이렇듯 특정 종교나 사상이나 인물에 집착하지 않는다. 배움을 중요시하기에 나에게 지혜를 주거나 나를 돌아볼 수 있게 해주는 강의나 책이 있으면 파고든다. 인품이 훌륭하신 분들을 조금이라도 따라할 수 있다는 뿌듯함도 나를 계속 발전시켜준다.

어려운 일이 닥쳤을 때 극복할 수 있게 해주는 힘은 평소에 다져놓은 내공에서 나온다. 행복할 때 주변에 더 베풀어야 하고, 풍족할 때 어려운 사람의 마음도 헤아릴 수 있어야 한다. 그리고 오너의 자리에 있을 때 아랫사람의 고충에 귀 기울여야 한다. 그래야만 나에게 위기가 찾아왔을 때 따뜻한 도움의 손길을 받을 수 있을 것이다.

위기는 오히려 성공했을 때 닥친다. 잘될수록 겸손해지고 감사해야 하는데, 오히려 교만해지거나 불평하는 마음을 갖기 때문이리라.

무명 시절에는 겸손했는데 유명인이 되자 교만해지는 사람들을 쉽게 볼 수 있다. 여유가 생기고 생활 형편이 좋아지면 당연히 감사하는 마음을 가져야 한다. 그럼에도 이전까지 불편하지 않았던 것들이 불편해지고, 일만 주어져도 감지덕지했는데, 이제는 더 편한 일을 찾고 있지 않는가.

겸손은 교만으로 바뀌고, 감사는 불평으로 바뀐다. 목소리가 커지고 목도 점차 굳어지면서 결국 몰락하여 밑바닥으로 다시 떨어지게 된다. 그래서 모든 것이 잘될 때 더 열심히 살아야 하는 것이다. 나 역시 사업이 잘될 때 내 마음을 다시금 점검해야 한다는 것을 잊지 않으려고 한다.

다시 생각해보니 참 어려웠던 순간들이 주마등처럼 스쳐 지나간다. 그래서 현재 내가 가지고 있는 소중한 것들에 감사하고, 누리고 있는 것들에 만족하지 않을 수 없다. 한 남자의 아내로서, 네 명의 아이들의 엄마로서, 내가 일궈놓은 사업장의 대표로서 앞으로도 계속 크고 작은 일을 하면서 정도正道를 지키며 더욱 정진해 나아가야 한다고 다짐한다.

2

일이 목적이 되는 순간
수입은 저절로 뒤따른다

내가 백화점에 판매원으로 입사했을 당시 급여
가 170만 원이었다. 세금 공제하면 150만 원이 조금 넘었다. 그
전까지는 집에서 아이들 키우면서 남편으로부터 생활비를 받았
다. 빠듯하게 이리 쪼개고 저리 쪼개서 생활했기에 내가 돈을 번
다는 사실만으로도 마음이 들떴다. 지금 생각하면 그리 많은 돈은
아니었지만, 그 150만 원 정도로 아이들에게 맛있는 것을 맘껏 사
주고 싶었다. 네 명의 아이들 학원비에 간식비 등 워낙 빠듯하게
생활했기에 내가 일해서 번 급여가 크게만 느껴졌다.

백화점에서 일하다 보니 일요일에 쉴 수가 없어 아이들에게
항상 미안했다. 그래서 나는 막연하게 꿈을 꾸기 시작했다. 여기

서 딱 열 달만 일하면서 받은 급여 중 100만 원씩 모아 1,000만 원을 만들어야겠다고 다짐한 것이다. 그렇게 1,000만 원을 모으면 동네에 보증금이 저렴한 아주 작은 미용실을 하나 얻으려고 했다. 아이들이 학교에 다녀오면 책가방도 받아주고, 가게에서 놀면서 항상 내 눈앞에 있으면 얼마나 행복할까 같은 상상을 하노라면 나도 모르게 기분이 좋아졌다.

그렇게 작은 꿈을 꾸던 내가 지금은 내 이름을 걸고 나름대로 규모가 있는 가발사업을 하고 있다. 오로지 아이들이 내 전부였고 내가 살아가는 목적이었는데 말이다. 그래서 신은 내가 아이들이 다 자랄 때까지 뒷바라지를 확실하게 하게끔 더 큰 계획을 세우고 계셨던 것이 아닐까 싶기도 하다.

물론 모든 게 내가 상상하고 계획한 대로만 된 건 아니다. 꿈은 내가 얼마나 진지하고 성실히 살아가느냐에 따라 생각했던 것보다 크게 이루어지기도 하고 작게 이루어지기도 한다.

나는 아이들만 생각하면서 정말 열심히 일했다. 그러다 보니 한 번도 해보지 않았던 일에서 두각을 나타내기 시작했다. 최선을 다하는 모습이 타인들의 눈에는 전문가의 일솜씨처럼 보였고, 그래서 더더욱 나를 흥미롭게 쳐다보고 있는 것이 느껴졌다. 그래서였을까? 많은 사람들이 나를 찾기 시작했다. 백화점 관계자들도, 본사에서도, 그리고 무엇보다도 고객님들이 나를 신뢰하고 있었다.

입사 3개월째쯤 본사에서 수수료 매장을 운영해보라고 제안해왔다. 앞서도 언급했듯이 수수료 매장을 운영하게 되면 내가 직접 사업자 신고를 하고 매출에 대한 일정한 이익금을 수수료로 받게 되는 것이다. 세금도 직접 내고, 직원 급여도 내가 받은 수수료로 지급해야 하는 사업자인 셈이다.

당시 전국에 30여 개 매장이 있었으나, 각 지점 매니저들은 수수료 매장으로 운영하는 것을 기피하는 분위기였다. 매출이 잘 나오면 급여보다 더 많은 수수료를 가져갈 수 있으나, 그렇지 못할 경우를 우려하는 것 같았다.

하지만 내 생각은 달랐다. 월급으로 받는 것보다는 내가 노력한 만큼 수수료를 받는 게 훨씬 낫다고 생각했다. 일을 하다 보면 적자가 날 수도 있고, 그렇다면 왜 그랬는지 되짚어보면서 더 나은 다음 달을 준비하면 된다고 생각한 것이다. "직원들에게 급여 주면 남는 것도 없을 거"라는 타 매장 매니저의 조언 따위는 귀에 들어오지 않았다. 이왕 하는 거 월급보다 더 가져갈 수 있도록 노력하자고 마음을 먹었다.

매월 말일이 다가오면 나는 수수료를 계산하지 않았다. 대신 '다음 달에는 어떻게 고객님들을 만족시킬까?'를 생각했고, '어떻게 하면 본사의 시스템보다 더 특별한 점을 내세워 내 매장을 잘 운영할까?'를 생각했다. 잠깐 다녔던 보험회사에서 교육받았던 고객 관리 시스템을 활용했고, 백화점의 고객 관리 시스템도 최대한 따라했다. 그러면서 나에게 온 고객님들을 절대 실망시키지 않겠다는 마음으로 하루하루 최선을 다했다. 그러다 보니 어느새 수입은 첫 월급의 몇 배가 되었다.

돈을 잘 번다는 건 어쩌면 현대인에게는 가장 중요한 일 중 하나다. '어떻게 하면 내게 필요한 만큼 돈을 벌 수 있을까?'가 현대인의 주요 고민거리일 정도다. 돈 때문에 많은 사건·사고들이 일어나고, 또 많은 사람들이 돈 때문에 엄청난 고생을 한다.

돈을 번다는 것은 다른 사람의 지갑에 있는 돈을 내 손으로 이동시키는 것이다. 상대방에게 물건을 제공해주거나 그 사람이 원하는 서비스를 얼마나 충족시키는가에 따라서 나에게로 이동하는 돈의 크기가 달라진다. 이것이 돈을 버는 기본 원리다.

돈을 잘 버는 사람들을 보면서 '그저 운이 좋았겠지!'라고 생각하면 큰 오산이다. 돈 때문에 고생하거나 돈을 못 버는 사람들을 가만히 살펴보면 공통점이 있다.

첫째, 자기가 하는 일이 고객에게 어떤 영향을 미칠지에 대해 정확하게 파악하지 않고 있다는 것이다.

둘째, 고객이 뭘 원하는지를 정확히 분석하지 않거나 알려고도 하지 않는다.

셋째, 경기 탓을 하거나 주변에 밀집된 다른 매장들을 탓하는 등 문제를 내 안에서 찾기보다는 남 탓을 한다.

　넷째, 내 사업의 상황과 고객의 상황이 시기에 따라 계속 변한다는 사실을 파악하지 못한 채 낙담만 늘어놓는다. 변동되는 상황을 따라가면서 그 분위기에 맞추는 적당한 대응 자세가 필요한데도 말이다.

　꽤 오래전부터 매스컴이나 주변 상인들이 "경기가 좋다"고 말하는 걸 들어본 적이 없는가? 그렇다면 내가 하는 일이 정말로 경기를 타는지, 아니면 내 노력이 부족해서인지를 냉정하게 판단해야 한다. 자칫 나 자신에게서 문제를 찾기보다는 주위 환경에 휩쓸려 '다들 그러니까'라는 생각을 한다면 안이해질 수 있다. 그렇다면 결국 손해는 내 몫이다.

　우리 매장에서는 가끔 주변 식당에서 점심을 시켜 먹는다. 그런데 식당을 오픈했을 때보다 맛이 점점 떨어지고 위생도 불량해지는 곳들이 있다. 잘 안되다 보니 오픈했을 때의 초심을 점점 잃어가는 것이다. 결국, 같은 건물에 있는데도 더 이상 시켜 먹을 마음이 생기지 않는다는 것은 참 안타까운 일이다.

　요즘 직장인이나 공무원의 퇴직연령이 50대 중반에서 60대 초반이다. 그러다 보니 아직 더 일할 수는 있는데 마땅한 기술이 없어 요식업에 나서는 경우가 우후죽순처럼 크게 늘어나고 있다. 그래서 처음보다 더 맛있게 해도 경쟁에서 밀려 도태당할 수 있는 판에, 오픈했을 때보다 맛이 더 떨어진다면 어쩌란 말인가!

그런 식당의 사장님은 돈을 벌고 싶은 마음이 전혀 없는 사람 같다. 그러면서 경기 운운하고 신세 한탄을 한다. 물론 세월호 사건이나 메르스 사태, 1929년의 세계 경제 대공황이나 1997년의 IMF 사태처럼 개인이 대처할 수 없는 불가항력적 상황 앞에서는 어쩔 수 없다. 하지만 내 노력으로 할 수 있는 범위에서는 최선을 다해야 하지 않을까? 모르겠다. 다른 사람 눈에는 다 보이는 것을 자신이 보지 못하면서 자신은 최선을 다하고 있다고 생각한다면 어쩔 수 없는 일이다.

먹는 음식으로 장난치는 사람들도 그러하다. 돈 몇 푼의 이익을 위해 고객의 건강 따위는 뒷전인 자들은 과연 어떤 마인드로 사업을 하는 걸까? 특히 어린이들이 먹는 음식에 인체에 해로운 것들을 첨가하는 업체들을 보면 답답하다. 그렇게 하고도 자기 사업이 영원히 잘될 것이라고 믿는가? 하나는 알고 둘은 모르는 사람들이다. 잘못된 방법으로 돈을 벌고자 하는 사람들의 끝이 어떤 줄은 잘 알고 있을 텐데 그런 일들을 반복하는 경우들을 보면 정말 안타깝다.

어차피 내가 하는 일 자체가 선한 목적에 따라서 하는 일이 되는 순간 수입은 자연스럽게 따라온다. 예를 들어 음식점 창업을 준비한다면 상권 분석 등이 중요하다. 하지만 이보다 더 중요한 것은 "내가 제공한 음식이 고객님들에게 좋은 영향을 주어야 한다는 목적이 시작점이어야 한다"는 것이다. 맛을 내는 비결로 건강에 좋은 것들, 즉 내 부모님이나 자식들에게 챙겨주고 싶은 것들을 엄마의 마음으로 준비해야 한다. 그렇게 한다면 아무리 외진 곳에 있더라도 고객들은 찾아올 것이다. 특히 오늘날은 SNS의 발달 덕분에 '맛집 검색'으로 찾아오는 고객들이 참 많은 세상이 아닌가.

옷가게 창업을 준비한다면 작은 구멍가게를 하더라도 각 개인의 체형이나 생김새에 맞는 스타일의 옷을 제공하려고 노력해야 한다. 잡지나 방송 매체 등을 보면서 계속 연구하고 내가 직접 입어보면서 일류 디자이너 행세라도 해보자. 막연하게 판매만 하고 돈을 챙기기만 하는 경우와, 내가 판매한 옷을 입은 고객이 활력소를 얻으시기를 기원하면서 장사를 하는 경우는 큰 차이가 있다.

고객을 이롭게 하는 사업자와 돈만 생각하는 사업자의 수입은 하늘과 땅 차이다. 아울러 고객을 이롭게 하는 마인드에 고객의 마음을 움직이는 정성까지 더한다면 아무리 어려운 시기에도 살아남을 수 있으리라 확신한다.

3

지금 이 순간
감사하라

       좀 더 어렸을 때부터 감사할 줄 아는 삶을 살았더라면 싶다. 지금은 돌아가신 친할머니께서 누구 못지않은 사랑으로 키워주셨는데도 나는 틈틈이 불행하다고 생각했다. 단 하루만이라도 나를 낳아주신 부모님과 같이 살아봤으면 하는 마음이 들어 서글퍼서였나보다.

  씩씩한 척, 아무렇지도 않은 척 살아냈지만 20살이 넘어서까지도 그런 생각에 사로잡혔기에 우울한 날들이 시시때때로 찾아왔다. 성인이 되어서도 내 마음속 '어린 민아'는 울고 있었고, 그 아이를 달랠 방법을 모르는 무지의 삶을 살아냈다.

  나는 결혼을 하고 우리 아이들을 낳으면서 감사하는 법을 배웠다. 그리고 우리 아이들의 표정과 몸짓 하나하나에서 어릴 적 내 모습을 발견할 수 있었다. 그래서인지 나를 닮은 아이들에게 내가 목말라했던, 내가 받고 싶었던 엄마의 사랑을 마음껏 주었다. 한편 아이들이 행복해하는 모습을 보면서 내 상처도 치유되는 듯했다. 어느 날 걸음마를 막 배운 막둥이가 넘어져 무릎에 피가 나는 것을 보며 내 살이 아픈 것 같았는데, 그 순간 어렴풋이 친할머니의 음성이 들려왔다.

"내 새끼! 아까운 살!"

그렇게 말씀하시며 애타는 표정으로 꼭 안아주셨던 친할머니의 따뜻함을 떠올렸다. 친할머니는 손녀딸의 상처를 당신 살의 아픔처럼 느끼셨다. 그 당시에는 친할머니가 왜 그렇게 안타까워하셨는지 몰랐지만, 지금은 그 안타까움이 크나큰 사랑의 표현이라는 걸 알고 있다. 20년이 넘어서야 아이들을 통해서 나타난 친할머니의 사랑에 한없이 감사드린다.

암울했던 어린 시절에 나는 무엇과도 바꿀 수 없는 사랑을 받았다. 행복했던 추억들이 더 많은데도 감사할 줄 모르고 살았다는 생각마저 들었다. 그때부터 나는 우리 아이들을 위해서라도 그리고 나 자신을 위해서라도 더 씩씩하게 살기로 했다. 비로소 나는 내 안에서 울고 있던 '어린 민아'를 일으켜 세웠다. 그때부터 내 삶은 완전히 바뀌었다.

바뀐 것은 마음이었기에 외부 환경은 아무런 변화가 없어 보였다. 하지만 감사하는 마음으로 인해 내 인생은 서서히 바뀌어가고 있었다. 돌아가신 후에도 감사의 지혜를 주신 친할머니 덕분에 감사해야 할 것들이 더욱 많아졌다. 예쁘기만 한 아이들을 보노라면 언니와 나를 낳아주셨던 그녀가 안타까웠다.

어렸을 때는 큰 어른이라고만 생각했던 부모였지만, 지금 생각하니 그들도 한없이 어린 철부지였던 20대 초반이었다. 잘못된 판단이었든 부득이한 사정 때문이었든 당신이 직접 낳은 자식들을 못 보면서 살아가는 심정은 오죽했을까.

나는 남 앞에 당당해 보일 수 있도록 나를 꾸밀 줄 아는 사람이다. 그런 내가 힘든 일이 있을 때마다 지혜롭게 대처하며 이겨낼 수 있는 강인함을 가진 사람으로 성장해가고 있다. 세월이 흐를수록 이렇게 태어나게 해주신 생모에게도 감사드리기 시작하는 나 자신을 발견하게 되었다. 그렇게 용서하게 되면서 나는 위축되었던 과거의 나로부터 자유로워지고 더욱 당당해지는 걸 느낀다.

오늘도 서점에는 감사에 관한 책들이 홍수처럼 쏟아져나와있다. 성공한 사람들을 주인공으로 쓴 책이나 그들이 직접 쓴 책을 보면 대개 감사드리는 습관이 몸에 베어있음을 알 수 있다. 유튜브나 블로그 등 많은 매체에서도 감사의 중요성을 담은 영상들은 엄청난 조회수를 기록하고 있다.

감사는 우울증과 불안을 줄여주고 신체까지 건강하게 만들어 준다고 한다. 이처럼 '감사'가 가져다주는 영향력은 우리의 삶에서 큰 비중을 차지하고 있다.

우리나라는 외향적으로 아주 화려해 보인다. 지난 반세기 동안 고도의 경제 성장을 통해서 물질적으로는 상당히 풍요로워진 게 사실이다. 그러나 한편으로는 사람들의 마음이 지극히 황폐해지고 각박해져있다. 이것은 어느 누가 잘못해서가 아니라, 예전보다 더 누리면서도 만족하지 못하는 우리들의 마음상태의 문제 때문이다.

마음을 어떻게 관리하느냐에 따라 건강해지기도 하고 행복해지기도 한다. 주변 사물을 어떻게 인식하느냐에 따라 행복해지기도 하고 불행해지기도 한다. 그때그때 느끼고 생각하는 것들이 삶에서 현실로 나타나기 때문이리라.

나의 건강과 행복도 내 마음가짐에 따라 달라진다. 똑같은 사물을 접하면서도 사람마다 느낌과 생각이 저마다 다르다. 똑같은 사물을 보면서도 조금씩 혹은 심지어 정반대일 정도로 저마다 다르게 생각하는 것이 이상하지만, 어차피 이것이 곧 마음의 상태일 것이다.

그 사람이 얼마나 행복한가 또는 잘 사는가는 그 사람의 일상화된 감사의 습관, 즉 느낌과 생각의 교감에 따른 것이다. 돈을 많이 벌고 적게 버는 것, 이것도 마찬가지다. 사람마다 가지고 있는 느낌과 생각은 그 사람의 마음상태에서 비롯되기 때문일 것이다. 세상 모든 사람이 일상적으로 다 하는 일도 나는 이런저런 이유로 '못한다'라는 부정적 믿음을 가진다면 결국 못하는 것이다.

우리 인류의 역사에는 위대한 발명가들이 존재했었다. 세상을 놀라게 한 발명가들을 자세히 들여다보면 아주 특별한 사람이 아니었음을 알 수 있다. 심지어 대개는 특별한 조건을 갖추지도 않았었다. 그냥 우리와 똑같은 평범한 사람들이었다.

우리와 다른 점이 있다면, 그것은 바로 '할 수 있다!'라는 긍정적 믿음을 갖고 있었다는 사실이다. 그것을 '해보고 싶다!'라고 생각하고, '되겠다!'라는 긍정적인 상상까지 한 것이다. 그들은 호기심을 가진 것에서 끝난 게 아니라 될 때까지 포기하지 않고 시도하고 노력했다.

'하면 된다!'는 긍정적 믿음을 가지면 된다. 그동안 수많은 위대한 발명가들이 그랬던 것처럼 말이다.

내가 정말 원하는 삶을 만끽하면서 잘 살고 싶은가? 그렇다면 다른 어떤 조건도 필요 없다. 내 믿음이 바뀌기만 하면 된다. 내 믿음이 긍정적으로 바뀌면 느낌과 생각이 달라진다. 감사의 습관도 몸에 베이게 되면 표정과 말투, 몸동작과 행동까지 달라질 것이다.

혹시 지금 모든 게 잘 풀리지 않고 있는가? 그렇다면 감사하는 습관부터 길러보자. 지금 당장 삶이 변화될 수는 없지만, 서서히 잘되어간다고 느끼게 될 것이다.

내가 그러했듯이 어떠한 조건에서도 감사할 수 있으며, 그로 인해 삶은 변화된다. 지금의 나는 "긍정과 감사의 습관은 태양의 에너지보다 강력하다"라고 확신한다.

많은 연구 결과들이 보여주듯이 고마움을 많이 표현하는 사람과, 감사를 잘 드리는 사람이 신체적으로나 심리적으로 더 건강하다. 실제로 우리 매장에서는 항암치료를 받으시는 환우님들을 자주 접하게 된다. 내 마음은 나를 찾으시는 모든 환우님들의 빠른 쾌차를 원하지만 때로는 그렇지 못한 경우도 있다.

그런데 감사하다는 말에 익숙하신 분들은 건강이 좋지 않은 상황에서도 관련 조치를 적극적으로 취하면서 긍정적으로 살아가신다. 그분들은 회복 속도가 매우 빠르다. 불평불만이 아닌 오로지 감사하다는 고백만으로도 건강해질 수 있다니, 이 얼마나 간단하고 손쉬운 방법인가.

과학자들은 "감사가 가져다주는 강력한 효과는 분명히 존재한다"라고 말한다. 감사할 것들을 떠올리다 보면 저절로 삶의 긍정적인 측면에 초점을 맞출 수 있다. 이 단순한 행동 덕분에 신경전달물질인 세로토닌이 더 많이 나오는데, 세로토닌은 스트레스와 우울감을 줄여준다고 한다. 덩달아 사회적 연대감을 높여주는 옥시토신까지 나오게 해준다고 한다.

이러한 연구 결과에 감탄만 할 게 아니라 우리 삶에서 지금 당장 실험해보자. '감사합니다'라는 멘트에는 정말로 '감사할' 일이 따라온다. 그러니 항상 감사하라. 걱정거리가 생겨도 입으로는 감사하다고 고백하자. 당신은 분명 행복한 인생을 누릴 수 있을 것이다.

4

초심을 잃지 말라

어떤 상황에서도 초심을 잃지 않는다는 것은 참 어렵다. 그래서 초심을 잃지 않으면 성공할 수 있다고들 하는 것이다. "창업 후 절실했을 때 했던 노력을 지금도 하고 있느냐?"고 누군가가 묻는다면, 과연 "그렇다!"라고 확실하게 대답할 수 있을까?

그래서 나는 수시로 나 자신에게 이렇게 묻곤 한다.

"익숙함에 물들어 나태해져서 초심을 잃어가는 건 아닌가?"

그리고 때로는 혹독한 채찍질을 한다.

어떤 일이든 시작할 때는 무한한 가능성이 있다. 하지만 점점 숙련되면서 차차 초심을 잃게 되고, 결국엔 성공할 가능성이 줄어들었다는 사실을 발견하면서 비관하게 된다.

초심의 중요성을 모르는 사람은 없을 것이다. 하지만 이를 잘 지키고 살아가는 것이 쉬운 일은 아니다. 훌륭한 인물이 되고 중요한 과업을 성취한 사람들은 대부분 초심을 지킨 사람들이다. 그래서 우리는 그들을 우러러본다.

나는 가끔 우리의 영원한 영웅 김연아의 경기 영상을 보곤 한다. 나보다 훨씬 어리지만 언제 봐도 본받을 점이 많다. 힘들거나 나태해질 때 그녀의 경기나 갈라쇼의 영상을 보면 그녀의 강력한 파워가 나에게로 전달되는 것 같다.

김연아 선수가 전 세계인들의 마음을 사로잡은 비결은 아마도 초심을 잃지 않도록 자신과 싸웠기 때문일 것이다. 2007년 2월 도쿄 세계선수권대회에서 쇼트프로그램 세계최고기록을 세우고 우승한 김연아 선수는 한 인터뷰에서 이렇게 말했다.

"제가 추구하는 피겨는 남과의 경쟁에서 이기는 게 아니라 나와의 싸움에서 이기는 거예요. 제가 만족할 수 있는 수준에 도달하는 것, 지금은 그게 가장 중요해요."

역시 멋진 마인드의 소유자다. 은퇴한 지금은 후배 양성에 힘쓰면서 아시아의 소외계층 아이들이 깨끗하고 안전한 환경에서 교육받을 수 있도록 교육지원사업에도 동참하고 있다는, 처음과 끝이 같은 그녀를 보며 나도 오늘 혹독한 채찍질을 나 자신에게 한다.

예나 지금이나 하늘을 날던 새도 떨어뜨린다는 소위 쟁쟁한 사람들이 하루아침에 나락으로 떨어지는 경우를 흔히 보게 된다. 정치가든 기업가든 그렇게 된 경우를 매스컴을 통해 접할 때마다 나 자신을 다시 돌아보는 계기로 삼는다.

사실 그들은 모두 초심을 잃었던 사람들이다. 프로 선수가 되기 위해 기초체력훈련에 최선을 다해놓고는, 정작 프로 선수가 된 후에는 오만해져 기초체력훈련을 등한시하고 기술만을 추구하는 경우와 비슷하다. 그렇게 무너지는 사람들이 다시 재기하는 데는 너무도 많은 시간이 걸린다. 가장 안타까운 경우는 초심을 잃은 모습이 남들의 눈에는 잘 보이는데 정작 자신은 알아채지 못하는 것이다. 그리고 주변 탓을 하거나 운을 들먹이며 괴로워한다.

위기가 닥쳤을 때 가장 먼저 돌아봐야 할 건 바로 자신이다. 환경과 타인 탓으로 돌리기 전에 초심으로 돌아가 자신을 바라보면 보이지 않던 문제를 찾을 수 있다. 초심을 찾는 과정은 무엇보다도 중요하다. 초심을 되찾아야 반성의 시간을 마련할 수 있고, 반성하고 개선해야 어려운 환경을 헤쳐나가면서 더욱 발전하게 되니까.

처음 시도한 일이 완벽해질 때까지는 수많은 '잘못'을 거쳐야 한다. 그리고 뭐가 어디서부터 잘못됐는지를 거슬러 찾다 보면 분명 처음에 결심했던 것들, 그러니까 초심을 지키지 않았던 경우가 많았음을 알게 된다. 이렇듯 초심을 유지하고 수시로 돌아보면 성공으로 가는 원동력인 강력한 동기를 부여받게 된다.

세상에서 살아가려면 사람들과 관계를 맺어야 한다. 그래서 행복과 불행 같은 감정을 불러일으키는 원인 중 상당한 비중을 차지하는 것이 인간관계인 것이다. 타인들과 관계를 맺으면서 끝까지 좋은 사람으로 남기란 참 어려운 일이다. 본심과 관계없이 상대방의 기분이나 내 기분에 따라 사소한 것부터 왜곡되기도 하고 오해가 일어나기도 한다.

내가 하는 사업이 그렇다. 특성상 한번 고객이 되면 특별한 경우가 없는 한 가발 착용을 그만둘 때까지 인연은 계속된다. 그렇다 보니 이 사업을 하면서 가장 신경 쓰는 부분이 '처음과 끝이 같은 사람이 되도록' 노력하는 것이다. 구매할 때와 A/S를 받으러 방문했을 때 고객님들이 같은 느낌을 받으실 수 있도록 그 부분을 가장 중요시하고 있다.

물론 직원들 중에는 이에 대해 의아해하는 이도 있다. 고객님들이 한번 구매한 뒤 계속 무료로 A/S를 받으면서도 너무 당당하다고 가끔 불만을 토로하기도 한다. 하지만 1년 이상 우리 매장에서 일해본 직원들은 나와 같은 마음이 되어간다.

그런 모습을 지켜보면 참 흐뭇하고 즐겁다. 장사란 당장 눈앞의 이익만을 보는 게 아니니까 말이다. 내가 한 말에 책임을 지면서 끝까지 최선을 다했을 때 결국 원하는 결과물이 내 손에 쥐어지게 되는 것이라는 내 지론을 직원들도 몸소 체험하고 있다. 이렇듯 당장의 이익보다 훨씬 더 많은 부가가치가 발생한다는 것을 그들도 깨우치기를 바라는 마음에서 나는 직원들의 본보기가 되려고 오늘도 내일도 노력한다.

고객님들은 나와의 관계를 오랜 시간 지속하면서 내가 누구보다도 잘되길 바란다. 그러면서도 다른 곳으로 확장하는 걸 싫어한다. 웃어야 할지 울어야 할지 모르는 행복함이라고 말하고 싶다. 물론 체인점을 내고 싶다고 찾아오시는 분들도 있다. 하지만 이 사업은 공장에서 찍어 나오는 물건을 친절하게 판매만 해서 될 일이 아니기에 고민이 많아진다. 사람마다 각자의 개성이 다 다르듯이 가발을 내 머리처럼 연출해준다는 것은 미용시술을 해주는 것과는 차원이 조금 다르기 때문이다.

현재 미용실을 상대로 가발 체인 사업을 하는 업체가 많다. 미용실이 골목마다 있을 정도로 포화상태고, 이에 대한 돌파구를 찾기 위해 고비용을 투자해서라도 가발사업을 하는 업체들과 가맹점 계약을 맺는 것이다. 그렇게 가발을 받아 한쪽에 진열해놓는 미용실이 늘고 있다. 10년간 가발만 손질해도 어려운데, 고작 일주일 정도 교육받고 시작하는 것이다.

물론 그런 곳의 가발 진열대는 머지않아 흉물처럼 먼지만 쌓인 채 방치된다. 특히 최근 들어 부분가발의 수요가 늘면서 그런 곳들을 꽤 많이 보게 된다. 지난 10년간 가발사업을 해온 나는 그런 걸 보면 안타깝기만 하다. 정말 좋은 아이템이고, 고수익을 올릴 수 있는데도 제대로 활용하지 못하고 있구나 싶어서 씁쓸해진다. 공급업체의 취지가 잘못되었다는 건 아니다. 문제는 체인점을 내줄 때 끝까지 함께 윈-윈Win-Win할 수 있겠는지를 정확히 판단해야 한다는 것이다. 그래서 나는 매장에 내가 없어도 매장이 완벽하게 돌아가고, 고객님들 역시 불편함을 못 느끼실 정도의 실력을 갖춘 후배 직원들이 양성될 때까지 내 사업을 확장시키는 것을 보류할 생각이다.

이는 창업 당시 나 자신과 약속한 것이기도 하다. 내 직업은 가발을 내 머리처럼 연출해주는 일이다. 내 매장을 찾아오시는 고객님들을 만족시켜드리지 못한다면 굳이 체인사업을 하는 의미가 없다. 그러므로 내가 매장에 없어도 고객님들을 완벽하게 만족시킬 수 있도록 후배 양성에 힘쓰는 일 또한 게을리하지 않고 있다. 내가 원하는 것은 내 과거와 같은 시간을 밟아오는, 전업주부였던 직원들이 내가 시작해놓은 일터에서 출발해 자신의 꿈을 펼치는 것이다. 그렇게 된다면 나 역시 제2의 꿈을 향해 또 한 계단 올라설 것이다.

어차피 개인이든 조직이든 한 단계 업그레이드되는 과정에는 반드시 고통과 인내의 시간이 따른다. 그러니 조직의 리더, 그리고 리더를 따르는 구성원들은 누구 할 것 없이 '내가 먼저 변화해야 한다!'고 마음먹어야 한다. 그리고 진정한 변화의 중심에는 '초심'을 지키는 힘이 있어야 한다는 사실을 잊지 말아야 한다. 초심을 잃지 않을 때 비로소 다 함께 성장할 수 있을 것이다.

5

눈앞의 이익에
연연하지 말라

주변에 유난히 좋은 사람들이 많이 따르는 이가 있다. 친구들도 그이의 일이라면 무슨 일이 있어도 발 벗고 나설 정도다. 사업을 하면서도 직원들이 일을 다 해주고 돈도 벌어주는 사람, 그래서 부러움을 한 몸에 받는 사람, 우리는 그런 사람을 보고 흔히 '인덕人德이 많은 사람'이라고 말한다.

이렇게 말하면 마치 그 사람이 운이 좋아서 그러려니 할 수 있다. 하지만 인덕이 있어 보이는 사람을 자세히 살펴보면 그렇지 않다. 남에게 후하고, 남을 배려하는 마음이 가득하다는 걸 알 수 있다. 쉽게 말해 평소 덕을 많이 쌓는 사람이다. 그런 사람은 항상 자신감이 있으면서도 정중하고 부드러운 말투를 사용한다.

그런 사람은 사람을 대하는 태도에서도 먼저 남을 우선적으로 배려하는 마음이 특히 많이 보였다. 이렇듯 내가 먼저 좋은 사람이 되기로 마음을 먹고 내 인격을 갖춘다면 주위에 좋은 사람들이 모일 것이다.

〈포브스〉지가 선정한 '20세기 가장 영향력 있는 경제·경영 도서 톱^{Top}10'에는 스티븐 코비의 《성공하는 사람들의 7가지 습관》도 있다. 이 책은 정말로 성공하는 사람들이 효과적으로 사는 방법에 대해 말해주고 있다. 스티븐 코비는 성공하기 위한 처세술보다는 "참된 성공은 내면의 변화로 인해 가능하다"라는 사실을 가르친다.

나는 이 책을 내 삶의 길잡이로 평생 소장하면서 나 자신을 돌아봐야 하는 시점마다 한 번씩 꺼내 읽어보고 있다. 윤리적 본보기를 주변 사람들에게 보여줄 수 있는 '내면'과 '성품'에 대해 다시 한 번 돌아보게 하는 책이기 때문이다.

"당장 원하는 것에 집착하지 말고, 자신의 습관부터 바로 잡자"라는 얘기가 이 책의 핵심 메시지라고 생각한다. 2012년에 사망한 스티븐 코비의 〈마지막 인터뷰〉 중에 이런 내용이 있다.

"하지만 한 가지 사실은 변하지 않았고, 앞으로도 변하지 않을 것이다. 우리가 의존할 수 있는 단 한 가지는 영원불변하고 보편적인 원칙들이 있다는 사실이다. 그 원칙들은 변하지 않는다. 어느 시대, 어느 곳에도 적용된다. 중력과 같은 자연법칙이 물체의 낙하를 지배하듯이 공정함, 정직, 존중, 비전, 책임, 주도성과 같은 원칙들은 우리의 삶을 지배한다. 건물 끝에서 떨어지면 중력이라는 원칙이 틀림없이 작용한다. 그것이 내가 낙관적인 태도를 유지하게 되는 이유다."

그렇다. 우리가 진정 성공을 원한다면 스티븐 코비의 말처럼 공정함, 정직, 존중, 비전, 책임, 주도성과 같은 원칙들을 지켜나가야 한다.

물론 성공의 기준은 개인마다 다를 수 있다. 내 기준의 성공을 예로 들면, "나를 포함한 내 주변 사람들과 잘 융화하면서 행복해지는 것"이다. 나는 "내 가족들 그리고 나와 함께하는 사람들이 다 같이 행복하려면 어떻게 살아가야 할까?"라는 질문을 해본다. 그것에 대한 대답도 내어보곤 한다. 아울러 "상대방을 이해하면서 나 역시 상대방에게 이해받기에 충분한가?"라는 질문에 대한 긍정적인 대답도 나오면 좋겠다.

나는 원칙에 충실한 사람이 되고 싶다. 자신에게 충실하지 못해서 겉과 속이 다르다면 아마도 주변 사람들은 나를 신뢰하지 않을 것이다. 그리고 이러한 자신의 본모습이 드러나는 것을 원치 않기 때문에 함께하는 이들과의 진정한 윈-윈을 이루기는 어려우리라.

삶의 지혜가 담긴 중국의 고전인 《채근담》에는 이런 말이 나온다.

"인격의 성숙 없는 성공은 사람을 망친다."

괴로움과 즐거움을 다 겪으면서 꾸준한 연마 끝에 이룬 성공은 오래간다. 소위 잘나가던 기획사 대표나 어린 나이에 성공한 연예인이 무너져 내리는 경우들을 보라. 그들 역시 피나는 노력으로 정상에 올라섰던 사람들이다. 단지 인격적 성숙이 안된 채 사회에 보여줄 성공에만 집착하다 보니 그렇게 된 게 아니겠는가. 물론 나라의 이익을 위해서도, 그 자신과 가족들을 위해서도 많이 노력한 사람들이 한순간에 추락하는 걸 보면 씁쓸할 따름이다. 이렇듯 인격이 성숙하지 않은 상태에서의 과도한 성공은 《채근담》의 말씀대로 사람을 망친다.

그런데 사람들은 가급적 빨리 성공하고 싶어한다. 하지만 원하는 만큼 빨리 성공하는 것도 힘들 뿐더러, 갑작스러운 성공은 자신을 되돌아보고 반성할 기회조차 갖지 못하게 만든다. 결국, 성공의 정점에서 겸손 대신 교만을, 긍정적 자아상 대신 비뚤어진 우월의식을 갖기 일쑤다. 그로 인해 한순간에 추락하는 경우가 닥치는 것이다.

어차피 그러한 성공은 거짓된 성공이 아니었을까? 겸손한 사람은 실패했던 경험에서 교훈을 얻어 다음에는 더 잘할 수 있다. 그렇지만 자신을 돌아보지 못해서 생겨난 교만함으로 인한 실패는 곧 추락으로 이어진다. 그런 추락을 하게 된다면 재기하기도 상당히 힘들 것이다.

나는 고객님들과 꽤 많은 시간 동안 대화를 나누는 편이다. 또한 직업상 각계각층의 다양한 분들을 접한다. 그러다 보니 사회적으로 이미 성공하신 분들은 하나같이 강력한 무기인 '배려심'을 갖추었음을 깨달았다. 배려는 타인의 입장이 되어 타인을 이해하는 행동이며, 타인의 사고방식으로 사물을 바라보고 헤아리는 것이다. 즉, 역지사지를 잘하는 것이다. 당연히 '배려심'을 갖추신 분들은 존경의 대상이 된다.

반대로 어딜 가서나 무례하게 행동하는 사람들은 하나같이 상대방의 높은 도덕적 수준을 요구한다. 그것이 습관이 되어 본인 자신은 돌아보지도 않고서 상대방의 잘못된 점만 눈에 불을 켜고서 들춰낸다. 매스컴에서도 타인을 강력하게 비판하는 그들을 많이 보게 된다. 그나마 철없는 어린 사람들이 그랬다면 삶의 경험이 부족해서 그런가 보다 하지만, 나이가 지긋하신 분들에게서 그러한 모습들을 볼 때마다 상당히 씁쓸하다.

성공이란 경쟁자를 쓰러뜨리거나 밟고 일어서는 거라 착각하는 사람을 많이 본다. 우리 상가의 같은 층에만 해도 음식점이 여러 개 있다. 가끔 고성이 들리는데, 자세히 들어보면 음식 메뉴가 겹치는 것 때문에 싸움이 난 경우다. 경기가 워낙 안 좋다 보니 서로 예민해져서인 것 같다. 사실 일터에서 서로 웃으며 하루를 보내도 장사가 안될 때는 힘들다. 그런데 그렇게 싸우고 나면 하루가 얼마나 더 힘들겠는가.

하지만 원래 어디든 장사가 잘되는 동네에는 같은 메뉴가 밀집되어있다. '순대국집 골목'이나 '떡볶이 거리' 같은 식이다. 서로 선의의 경쟁을 하면 더불어 장사가 잘된다. 그런데 메뉴 하나가 겹쳤다고 그렇게 고성이 오간다면 그 자리에서 먹고 있는 손님마저 밥맛이 사라져 떠나간다. 물론 내 식당에 올 고객을 빼앗겼다는 생각에 화가 났을 것이다. 그렇다면 그 시간에 같은 메뉴를 내가 좀 더 맛있게 만들거나 서비스를 더욱 잘하면 되지 않겠는가. 결국 그날은 두 식당 모두 일찌감치 문을 닫고 들어갔다고 들었다. 이렇듯 배려심이 없으면 나도 상대방도 파멸의 길로 빠진다.

레미콘사업을 하려는 사업가가 자동차회사에 전화했다. 그 전화를 받은 영업사원은 사업가의 전화번호를 묻더니 급히 끊었다. 그리고 전화를 받았던 그 영업사원에게서 전화가 다시 걸려왔다. 사업가가 이유를 물었더니 이렇게 대답하더라는 것이다.

"고객님께서 구매하시고자 하는 레미콘 차량에 대한 설명을 다 드리자면 한참 걸립니다. 시외통화요금을 고객님께서 부담하시게 하는 건 옳지 않습니다."

지금은 스마트폰으로 거의 무제한 통화를 하니까 요즘 젊은

이들은 상상하기 어렵겠지만, 1990년대까지만 해도 시외에 있는 사람과 통화하면 통화요금이 상당히 많이 나왔다. 사업가는 그 얘기를 듣고 다른 건 묻지도 따지지도 않고 당장 레미콘 차량 16대를 주문했다고 한다. 차량에 대한 전문적인 지식과 장황한 설명이 아니라 바로 그 영업사원의 태도와 풍기는 인격의 힘이 그런 결과를 이루어낸 것이다.

이렇듯 고객의 이익을 먼저 생각하는 사려 깊은 배려심이 사업에도 개인에게도 장기적 생존을 가져다준다. 즉, 눈앞의 이익을 따지기보다 장기적으로 바라보며 상대를 배려하는 마인드가 가치 있는 삶으로 이어지는 것이다.

기업이 종업원과 고객을 배려하지 않아서, 또 고객과 종업원을 목적 달성을 위한 수단으로만 생각할 뿐 가장 중요한 역지사지를 하지 않아서 실패한 사례도 많다. 몇 년 전 D항공은 이른바 '땅콩 회항' 사건으로 지금까지도 실추된 이미지를 복구하지 못하고 있다고 들었다. N유업의 '대리점 갑질 횡포' 사건도 고객이나 거래처에 대한 배려심 부족에서 나온 것이라고 한다. 배려심이 부족한 기업의 이미지는 창업주 시절부터 몇 대에 걸쳐 고생해서 쌓아 올린 노력마저 하루아침에 무너뜨리고 고객들을 떠나보낸다. 이로 인한 기업의 손실도 막대하다.

배려심이 부족하고 교만한데도 성공의 길을 걷는 사람들을 종종 본다. 하지만 그들은 실제로는 중요한 것을 잃고 있으면서도 자기가 성공하고 있다는 착각을 하는 것이다. 그들은 돌이킬 수 없는 지경에 이르러서야 자신에게 변화가 필요하다는 것을 깨닫는다. 물론 이미 늦은 것이다.

이제는 남을 먼저 배려하면 내가 희생을 당하거나 손해를 입는다는 짧은 생각을 접어야 한다. 고객, 종업원, 동종업계 사람들, 그리고 타인을 먼저 배려하는 것이 결국 장기적으로는 나의 승리와 이익으로 이어질 것이다. 그리고 성공을 달성하기 위해서는 내가 배려해온 주변 사람들의 진정 어린 지지가 가장 중요하다는 사실도 기억해야 할 것이다. 이 시점에서 나 역시 나 자신을 다시 되짚어본다.

- 과연 초심을 유지하고 있는가?
- 나도 모르는 사이에 어릴 적 어렵게 살아왔다는 내 한(恨)이 반영되어 무조건 돈만을 쫓으려 하지는 않는가?
- 가발사업을 하면서 내가 처음 생각했던 가치를 고객님들께 잘 전달하고 있는가?

어느덧 내 아이들도 하나둘 성인이 되어가고 있다. 그들도 그들의 삶을 성공적으로 살려고 노력할 것이다. 그런 내 아이들에게 제대로 된 지혜를 물려주기 위해 어떤 노력을 해야 할지 생각하다 보니 마음이 무겁기만 하다.

작은 일이라도 가치가 있다

일은 의식주 해결, 가족 부양, 소비생활 등을 위해 어쩔 수 없이 하는 것이기도 하다. 아무튼, 어떤 이유로든 자기가 하는 일을 얼마나 가치 있게 생각하느냐에 따라 큰 성과를 낼 수도 있다. 스스로 가치를 높임으로써 그 일로 꿈을 이룰 수도 있고, 남을 이롭게 할 수도 있다.

자기의 올바른 꿈을 일로 현실에 펼치는 것이 바로 성공한 삶이다. 그리고 자기가 펼쳐놓은 현실에 감동하는 순간이 바로 꿈을 이룬 시점이다. 반면에 아무리 중요한 일도 그 일을 하는 내가 사소하게 여긴다면 지지부진하다가 끝나버릴 것이다. 그리고 회사생활 같은 삶도 그렇게 끝날 것이다.

그렇다. 아무리 하찮은 직업이라도 그 일의 가치는 내가 부여하는 것이다!

직업을 선택할 때에는 그 일이 나에게는 물론 타인들에게도 도움이 되는가를 반드시 고려해야 한다. 꼭 내가 꿈꾸던 직업이 아니더라도 괜찮다. 단, 남에게 피해를 주는 일도, 남을 속이는 일도 아니어야 한다.

어떤 직업을 어쩔 수 없이 선택했다면—설사 임시방편으로 택했더라도—그 일의 가치에 대한 의미부여를 명확히 해야 한다. 먼저 '내가 선택한 이 일을 왜 하는가?', '이 일이 나와 타인들에게 얼마나 큰 도움을 주는가?' 그리고 '이 일로 인해 사람들과 무엇을 공유할 수 있을 것인가?'를 생각해야 한다. 그래야 일의 능률이 오르고, 지치지 않으면서 오랫동안 즐겁게 일할 수 있다. 이는 곧 회사와 내가 함께 성장할 수 있는 길이기도 하다.

신입사원으로 입사해서 중역이나 사장 자리에 오른 사람들을 종종 보게 된다. 그런 특별한 사람들은 아마도 남다른 마음가짐으로 회사생활을 해왔으리라. 입사하기 전부터 이 회사의 강점과 약점을 파악하고, 자기가 가진 경력이나 기술로 그 약점을 어떻게 강점으로 만들 수 있을지 연구했다고 한다. 즉, 본인이 일하기를 원하는 그 직장을 어떻게 하면 경쟁력이 더욱 뛰어난 회사로 만들 수 있을까를 고민한 것이다.

그런 사람은 상사가 지시하는 일만 하는 게 아니라, 회사에 입사할 때부터 그 회사에 필요한 것들을 파악하고 내가 앞으로 무슨 일을 해야 할지 확실하게 생각해둔 사람인 것이다. 즉, 내가 회사를 더 발전시켜보겠다는 야망이 있는 사람이라고 할 수 있다. 그런 직원은 어느 순간 그 회사의 책임자가 되어있다. 이들은 어떤 일을 처리할 때도 뚜렷한 주관을 가지고 임한다.

'주관'과 '고집'은 확실히 다르다. 주관이 뚜렷한 사람은 내 생각이 사람들에게 어떤 영향을 미치고 얼마나 도움을 주는가를 생각하면서 실행한다. 내가 하는 행동과 말과 주어진 이 일이 타인들에게 얼마나 큰 의미와 도움을 주면서 그 사람들을 행복하게 만들지를 생각하는 것이다. 이러한 사람들은 자기가 하는 일의 가치와 보람을 느낀다.

남을 속이거나 해치는 일만 아니라면 직업에 귀천은 없다. 음식 배달을 하거나 청소를 하더라도 자기만의 철학이 확실한 사람들은 항상 당당하고 모두에게서 존경받는다.

우리 고객님 중 병원에서 간병인으로 일하시다가 얼마 전 요양보호사 자격증을 취득하신 분이 있다. 그녀는 60세를 훌쩍 넘기셨지만 웬만한 40대보다 더 씩씩하고 건강해 보인다. 요양보호사 자격증을 취득하시고 얼마나 기뻐하시던지 아직도 그 호탕한 웃음소리가 들리는 듯하다.

"나 이래 보여도 큰 대학병원에서 일하는 사람이야. 의사들도 나한테 꼼짝 못해."

그런 우스갯소리로 매장을 유쾌하게 해주신다. 본인이 하는 일에 자부심이 남달라서 에너지가 넘치는 열정적인 모습에 박수를 보내곤 한다.

긍정적인 사람은 어떤 결정을 고심 끝에 했다면, 그대로 진행하면서 좋은 점만 생각한다. 그러나 예를 들자면 부정적인 사람은 비행기를 타더라도 비행기 사고율을 떠올리고, 버스를 탈 때는 느린 점을 불평하고, 기차의 불편함에 대해서도 목적지에 도착하고 나서까지도 투덜거린다.

직장에서도 마찬가지다. 부정적인 집단에 쉽게 휩쓸리며 일의 목적을 상실해가는 사람들을 보라. 결국, 사소한 일 하나 이루는 것조차 힘들어하며 끝내 제대로 완결짓지도 못한다. 그런 사람들의 특징은 귀가 얇아서 남들의 무수한 의견에 일일이 귀를 기울인다는 것이다. 시장에 당나귀를 팔러 가다 결국 당나귀를 강물에 빠뜨린 《이솝 우화》 속 아버지와 아들처럼, 여기저기에 다 맞추다가 목적과 의미를 한꺼번에 잃어버리는 것이다. 급기야 사회생활을 포기하는 지경에 이르기도 한다.

지금 다니는 회사를 관두려고 한다면 능률도 오르지 않고 하루하루가 지겨울 것이다. 그렇다면 차라리 그만둘 때까지 나 자신과 회사 모두를 이롭게 해보자.

일단 퇴사 후에는 창업할 수도 있고, 동종업계로 이직할 수도 있다. 창업하려고 한다면 그동안 무심코 수동적으로 했던 일들을 사장처럼 해보라. '내가 이 회사의 사장이라면 어떻게 할까?'라는 생각을 하면서 업무에 임하다 보면 모든 것이 새롭게 보이거나 몰랐던 것들도 알게 될 것이다. 또 한편으로는 창업 준비를 위해 회사에 공부하러 다닌 셈이며, 급여는 장학금이라고 생각하면 된다. 그렇게 하면 회사에도 도움이 될 터이니, 상황이 좋다면 회사에서 당신의 퇴직을 말릴 것이다.

꿈과 목표를 이루려면 반드시 직업이 있어야 한다. 꿈을 향해 달려가려면 수입이 반드시 뒤따라 주어야 하니까 말이다. 풍요롭지는 못하더라도 기본적으로 궁핍한 상황은 면해야 하지 않겠는가. 그런데 어떤 이들은 자신의 눈높이에 맞추기 위해서라며 선뜻 직업을 택하지 못하고 허송세월한다. 하지만 금전적 문제로 생활에 지장을 받을 정도면 마음도 각박해져 내가 목표했던 꿈을 이루기가 힘들 것이다.

내가 과거에 쌓았던 화려한 스펙에 대한 미련을 버리지 못한 채 시간을 낭비하고 있다면 더 이상의 발전은 없다. 눈높이를 조금 낮춰보라. 그러면 실업의 고통에서 벗어날 수 있다. 앞서도 언급했듯이 남을 속이거나 피해를 주는 일만 아니라면 어디서든 열심히 하면서 수입을 발생시켜야 한다. 그렇게 하면서 더 발전할 수 있는 방향을 끊임없이 모색해야 한다.

그리고 명문대나 대기업에서 쌓았던 스펙보다 밑바닥에서부터 쌓아 올린 인생 경험이 내 꿈을 이루는데 훨씬 더 큰 도움이 될 것이다. 나도 백화점에서 판매원으로 직장생활을 할 때 내가 사업을 하게 된다는 생각은 전혀 하지 못했다. 하지만 나는 직장생활을 했던 경험을 원동력으로 지금의 사업장을 일궈냈다. 그때 내가 수동적으로 회사에서 시키는 일만 하고 지침대로만 행동했다면 지금의 나는 없었을 것이다.

내 생각과 회사의 생각이 맞지 않을 때마다 더 많은 공부를 했으며, 당시 내가 도입하고자 했던 개선사항들을 지금 내 사업장에 더해나가고 있다. '어떻게 하면 더 많은 성과를 낼 수 있을까?'를 고민하며 사장의 입장이 되어 생각했던 시간이 지금 내 사업에 큰 도움이 되는 것이다.

나는 이렇듯 사회생활을 하면서 깨우쳤다. 전혀 이루어지지 않을 것 같던 일도 매사에 긍정적으로 최선을 다해서 수행하면 생각지도 않았던 엉뚱한 곳이나 전혀 관련이 없던 사람을 통해서라도 이루어지기도 한다는 것을 말이다.

하지만 많은 사람은 어떤 일을 이루려면 모든 것을 완벽하게 갖추었을 때만 가능하다고 생각한다. 그런데 인간에게서만 나타날 수 있는 불가사의한 일들도 많다. 나 역시 지금의 내 모습을 보면서 그런 생각을 한다.

나는 물론 세상을 놀라게 하는 큰 사업가는 아니다. 하지만 내 힘으로 나만의 일터를 만들고 나를 따르는 직원들과 행복한 미래를 꿈꾸고 있다.

인간의 뇌는 언제든 원하는 방향에 맞춰 변할 수 있다고 한다. 자신이 되고자 하는 모습을 끝없이 반복해서 상기시킨다면 과거에 어떤 삶을 살았던 바뀔 수 있다는 것이다.

그러나 많은 사람은 자신이 원하는 미래를 꿈꾸는 대신 남들이 말하는 꿈에 휩쓸리기도 한다. 어제보다 나아지고 달라진 자신을 꿈꾸지만, 안타깝게도 항상 끝없이 자신을 의심하면서 남이 원하는 자신의 모습을 고수하려 애쓴다.

지금 직장에서 월급을 받으며 일하고 있거나 내 사업을 하고 있더라도 모든 것이 정체된 듯 일이 잘 풀리지 않을 때가 있을 것이다. 그렇다면 과거에 내가 진정 원했던 게 무엇이었는지 돌이켜보라. 과거에 생각했던 것이 지금 현실이 되어 나타나고 있기 때문이다.

과거와 현재는 바꿀 수 없다. 하지만 지금부터 어떤 생각을 하느냐에 따라 미래는 바뀐다. 그러니 지금이라도 내가 어떤 생각을 하고 있는지 자세히 살펴보자. 지금 내가 하는 생각이 반드시 나의 미래가 될 것이다.